不断晋升

[英] 尼亚姆·奥基夫（Niamh O'Keeffe） 著

杜天怡 译

Get Promoted

中国原子能出版社　中国科学技术出版社

·北　京·

Get Promoted.

Copyright © Niamh O'Keeffe, 2020.

First published in Great Britain in the English language by Penguin Books Ltd.

由中国科学技术出版社 China Science and Technology Press Co., Ltd 及中国原子能出版社 China Atomic Energy Publishing &Media Company Limited 与企鹅兰登（北京）文化发展有限公司 Penguin Random House (Beijing) Culture Development Co,Ltd. 合作出版

北京市版权局著作权合同登记　图字：01-2023-5974。

图书在版编目（CIP）数据

不断晋升 /（英）尼亚姆·奥基夫
（Niamh O'Keeffe）著；杜天怡译 . — 北京：中国原
子能出版社：中国科学技术出版社，2024.2
　书名原文：Get Promoted
　ISBN 978-7-5221-3281-5

Ⅰ . ①不… Ⅱ . ①尼… ②杜… Ⅲ . ①职业选择—通
俗读物 Ⅳ . ① C913.2-49

中国国家版本馆 CIP 数据核字（2024）第 014117 号

策划编辑	杜凡如　褚福祎	责任编辑	潘玉玲
文字编辑	褚福祎	版式设计	蚂蚁设计
封面设计	马筱琨	责任印制	赵　明　李晓霖
责任校对	冯莲凤　焦　宁		

出　　版	中国原子能出版社　中国科学技术出版社
发　　行	中国原子能出版社　中国科学技术出版社有限公司发行部
地　　址	北京市海淀区中关村南大街 16 号
邮　　编	100081
发行电话	010-62173865
传　　真	010-62173081
网　　址	http://www.cspbooks.com.cn

开　　本	787mm×1092mm　1/32
字　　数	77 千字
印　　张	7.25
版　　次	2024 年 2 月第 1 版
印　　次	2024 年 2 月第 1 次印刷
印　　刷	北京盛通印刷股份有限公司
书　　号	ISBN 978-7-5221-3281-5
定　　价	68.00 元

（凡购买本社图书，如有缺页、倒页、脱页者，本社发行部负责调换）

目录
CONTENTS

引言 / 001

第一章 你为什么还没晋升 / 009

第二章 为自己赋能 / 045

第三章 你的晋升策略 / 061

第四章 厘清思路 / 071

第五章 全身心投入 / 095

第六章 建立自信心 / 123

第七章 建立信任 / 145

第八章 采取行动 / 171

第九章 达成协议 / 205

第十章 成功晋升 / 219

引言

如果你遵循本书的建议，你将会得到晋升。

多年来，作为一名领导力顾问，我和许多客户合作过，这一职位让我能观察各种行为模式。作为组织的顾问，我不是组织内的一员，而是职场体系外的角色，这样的身份给了我一个独特的视角来观察职场体系的运作方式。

据我观察，晋升方式与人们以为的并不相同，获得晋升并非只需努力工作或是做得出色就可以了。要是你的下一次晋升这么容易做到，那你也不会来看本书了!

如果你已经开始意识到，晋升决策比你想象中细微、复杂得多，那就继续读下去；如果你感觉自己遇到了某种瓶颈——自身或是他人造成的——却不明白其中缘由，那就继续读下去；如果你因为同龄人得到晋升，觉得自己被落下了而不知所措，那就继续读下去；如果你觉得自己缺少前进所需的真正"密码"，并开始觉得愤怒或沮丧，那就继续读下去。

在本书中，我会提供一些对于晋升运作原理的见解，并告诉你为了晋升需要做什么。我会揭开原理背后神秘的面纱，帮助你得到晋升——更棒的是，我将帮助你对职业生涯建立战略认知，并帮你弄清下一个职位要如何融入长期的战略规划中。这样一来，你就能有的放矢，完全明白自己想要什么样的成就以及为什么想要它——连同你的动力、时间和精力也会相应地统一起来。

本书会提供突破性的方法，助你达成下次晋升、下下次晋升和以后的更多次晋升，而其中的关键就在于，培养你晋升所需的技能和智慧。

我是支持你的——无论你的起点在哪，我都会帮助你晋升，我就是这样一次又一次地帮助我的客户，指导他们从"难有出头之日"的中间管理层晋升到最终的最高管理层。我不会根据任何晋升的特定标准、特殊潜力或是内在才能而预先筛选我的客户，我也不会在开始指导前收集反馈，以便评估他们是否晋升有望。我只是简单地，同任何想升职的人合作，无论他们的职位高低，我都会帮助他们实现自己的目标——只要他们做出承诺，并愿意按照我的建议去实践。

我着手指导客户如何晋升时，成果通常来得比我和客户预想的都要快。而且我发现一些有趣的现象：我们创造的晋升动力会带来更多的动力，从而加速整个进程，"突然间"晋升的目标就实现了。因此现在我可以确定，晋升指导能在短期内见效。

我花了许多年研究晋升所需的要素，如今能够将这些研究成果写成书，我很高兴。正如我一次又一次地帮助我的客户得到晋升，而且见效一次比一次快，如果你也动力满满地想听取我的建议，那你也将和他们一样，比自己预期更快地获得晋升。

如果你拿起了本书，那你要么已经充满了雄心壮志，要么就是你心里知道，自己不能总在职业生涯中停滞不前。或许你已经明白，在公司和你的职业生涯中，总有一个节点会让你非升即走。如果你在目前的岗位工作了 3 年或 3 年以上，那你是时候要想办法升职了。如果你升职后，在该岗位工作了 5 年或 5 年以上，那就不该理所当然地觉得自己能保住饭碗了。当然，具体情况取决于你的企业文化，但通常而言，总会有年轻的新进者努力攀爬职业阶梯、获得晋升，从而给你带来升职压力。我并不喜欢拿压力来当动力，但我有话直说，这样你也可以更实际一些。去自我提升、成功升职，要么是为了自身的雄心壮志，要么是为了更实际的因素。要知道功夫不负有心人，特别是当你身处竞争激烈的公司环境中，企业文化是适者生存，干劲满满永远比得过且过要好得多。

为了帮你得到晋升，我将把各种技巧倾囊相授，剖析所有能帮你从现在的职位晋升到理想职位的关键策略。如果你刚开始觉得一下子接受所有建议压力太大，那么你可以先从书中的某些理念着手，开启你的晋升之路——慢慢你就能接受更多的策略建议了。要把晋升当作一项有待掌握的技能，而不只是一次性的交易。

可以把本书当作你的老师，它会在你的晋升道路上指导你、陪伴你。对某些读者而言，或许读一次就能上道，而另外一些读者则可能得反复阅读本书，慢慢培养新的行为习惯。无论你是哪种类型，晋升技巧都尽在本书中，如何应用、何时应用都由你决定。

我的建议可不是什么"花招"，而是货真价实的见解，能帮助你成功晋升，在事业上取得进步。你会发现，有一个明确深入的策略对于赋能和自我激励大有帮助，你会觉得更有底气。随着你慢慢改变，周围的人会注意到你，而你的前进势头则会促使你成功晋升。

我祝你阅读之旅一切顺利，希望你能成功应用本书的策略，并收获喜人的收益和体验。

第一章

你为什么还没晋升

你可能觉得自己在晋升之路上手无寸权，只能任凭上级摆布，其实在塑造未来时，尽管主动权并不完全在你手上，但你依然占据着主导地位。你可以采取各种积极进取的策略来重置自己的技能和信誉度，引起注意、得到晋升。但是，在踏上你的晋升之旅前，让我们先消除一些关于晋升过程的典型误解。

⬆ 常见误解

我们愿意相信所有的晋升都像公司的宣传手册上写的那样，公平透明、任人唯贤，然而实际上，在公司中人际关系十分重要。尽管每个人都希望世界是公平的，但现实是，你往往需要面对各种人际冲突、不同的个人经历和偏好、各种旧交情等。而这些，都让公司难以基于事实任人唯贤。

你得知道，晋升并不总是公平透明的，也不是光努力工作就行的。许多决策并不完美，它们因时而定、因势而变，通常就是时机问题。

任人唯贤的误区

谢伊（Shay）的团队急招一人，但他没有选择花4个月的时间走内部的招聘流程，即发布招人公告、面试并招募公司内部的最佳候选人，而是选择让他之前公司的同事索菲（Sophie）过来。当然，谢伊这样做的时候，并未意识到索菲会坚持要求提升职级才肯离开之前的公司，导致他如今无路可退了——于是在说服自己的领导和人力资源招收索菲这样一个外部人员后，他同意了索菲的要求，并说定了入职日期。结果就是，索菲的所有直接下属都对她这样的"外部空降兵"很不满，而且他们知道，她的薪酬或许比内部人员的还高。这公平吗？并不。快捷吗？确实快。人们后悔吗？或许吧，毕竟谢伊并没有想到他的团队会强烈反对此举，但事已至此，多说无益。

或许你已经清楚，生活有时是不公平的，晋升也是，因为你已经以某种形式体验过这种不公平了。但也别绝望，一旦你明白决策到底是如何制定的，你就会知道该如何给自己定位以争取成功了。

误区 1：努力工作就会得到晋升

你可能在目前的岗位上无比辛勤地工作，坚信只要努力工作，领导就会注意到你，用你一直想要的晋升来回馈你的努力，但这往往是种奢望。晋升的承诺通常只是激励你工作的诱饵，因为现实是，晋升并不总是辛勤工作的奖励，更多的是对你未来潜力的赌注。领导们需要确定你是潜力股，而不只是过去几年内表现较好的员工，才会同意你晋升，你的领导如此，其他人的领导也是如此。从公司的视角看待晋升这件事，会帮你认识到在当前职位上展示能力的重要性，同时也会让你明白，你需要将自己现在的工作当成未来的参照，从而了解自己今后若是担起责任了，可以做什么。

误区 2：最优秀的人总会得到晋升

不幸的是，得到晋升的并不总是最优秀的人。你觉得自己所有的上级和高层领导者都是好榜样，还都拥有最出色的工作技能吗？但愿大多数是的，或者至少部分人是。然而，公司并不总是任人唯贤，公司的人和职场环境对晋升结果起了很大的影响作用。在职业生涯前进的道路上，重要的往往不是你知道什么，而是你认识谁。这也合乎情理——如果招聘经理并不认识你，但却知道你同事的名字和名声，或者与他们有过共事的经历，那么相比之下，你的同事就具有直接优势。或许你的同事比你更会迎合晋升的决策者，如果你想要更公平的竞争环境，那你并不需要和他采取相同的策略，而是要参与竞争，让晋升决策者知道你是谁，你能带来什么。

误区 3：晋升过程总是完全透明的

或许你所在的公司的人事部门力图实现晋升过程的公平、透明，但现实中总会有各种宏观原因与微观原因一并起着决定作用。晋升的决定可能基于很多原因：该轮到谁了，谁上次被拒绝了，谁争得最凶等。也许不为人知的是，你的领导并非全力支持你晋升，或者他们甚至不是你晋升的主要决策人，又或者他们想让你晋升，却受限于预算或高层领导，却又不想承认自己没有让你升职的权力；或许你的个人表现很出色，但你所在的团队并没有达成预定目标，导致你们谁都没法晋升；或许你的领导很看好你，但不想让你离开团队，所以这次没能让你晋升。导致你没能成功晋升的潜在原因太多了，而这些原因你可能永远都无从得知。晋升过程并不总是完全透明的。

重要提示

与公司最近刚刚晋升的同事交流，问问他们晋升过程究竟是什么样的——谁帮助了他们，谁是负责人，在他们看来是什么影响了晋升决定。既然他们已经成功晋升了，就会很乐意传授建议，分享成功经验。聆听他们对于所需要素的观察和看法，想办法弄清晋升过程中真正重要的是什么人、什么事。

　　愿意挑战自己和他人关于晋升真实运作方式的假设，会帮助你更清楚地了解你们公司的晋升决定是如何做出的。要睁大眼睛，透过现象看本质。我们往往认为晋升有着严格的步骤，而且整个过程公开透明。然而，公司是由同你我一样并不完美的人组成的，而且在公司中人际交往十分重要，这种人际间的相互作用往往是晋升时的决定性因素。

　　真正做出你晋升决定的人是谁以及这样的决定是如何做出的，这两点都是值得确认的。对此，最佳询问对象就是上次成功晋升的人（弄清楚他们是怎么做到的）和未能晋升的人（问问他们觉得发生了什么）。一旦你对你所在的公司晋升的运作方式有了更好的了解，就能自行总结何种行为、事件会受到公司的褒奖。准备好探索，了解公司内部与外部的情况和文化，以便弄清楚在晋升决定中真正起作用的人和事。如果你能知道真正的决定者是谁，然后揣摩他们的行为模式，将有助于你抓住机会，在公司更快获得晋升。

⬆ 要积极进取，而非消极抵抗

你有能力创造自己想要的未来——懂得自我赋能是你晋升之路上最重要的一课。要知道，在你的职业生涯中，拥有最大决策权和主动权的人不是你的领导，也不是任何其他人，而是你自己。明白这一点，对于你的下一次晋升、之后的更多次晋升以及今后的不断成功至关重要。如果你想得到晋升，你必须养成积极进取的态度，为自己的策略负责——包括你正在做的和你没有做的事——从而实现进步。

谈及晋升时，太多人以为迟早会轮到自己。这种过度消极的策略导致的结果是，很多人等了好久，甚至一辈子都不会被注意到。在错失晋升机会后，有些人受挫的表现是生闷气，暂时罢工，不再好好做贡献，或者干脆彻底罢工，递交辞呈；有些人则闷闷不乐，愤愤不平，一直无法释怀；还有些人则会执着于持续地向领导倒苦水，这种做法耗时久还不优，无论是对他们自己而言，还是对他们与领导的关系而言，都会带来严重的恶性循环，这对他们的下次晋升可没帮助。

用离职让领导被迫就范也是一种常见做法，比如"要是领导还不给我升职，我就走"。这对于因久未升职而受挫的人来说，是消极抵抗战略里的"绝招"。我的建议是：如果不是真的想离职，千万别用这招来威胁领导。要是你虚张声势后被识破了，那么结果只会适得其反。即便这招成了，你短期内获得了晋升，但从长期来看，这种行为可能会对你造成严重的负面影响，因为这会给人一种以自我为中心、不够忠诚的印象。

离开一家好公司应该是你的最终手段，而非首选方案。当然了，如果你真的不开心，那么很遗憾，离职可能是有必要的。如果经你再三确定，你的领导和晋升决策者几乎不可能器重你，那么就离职吧。以积极进取的姿态重新出发，运用你在本书中学到的所有技能和工具，给自己制订晋升策略，定个时间表。如果你只是单纯离职了，却不去了解晋升的游戏规则，那可就得不偿失了。

不要匆匆忙忙决定辞职，离开现在的职位和公司，毕竟你已经在这里花了很多时间建立良好的名声。总的来说，我的建议是除非有了新工作，不然别离职。因为这样做太冒险了，特别是就业市场不景气，或是突然受到经济下滑之类宏观因素的影响时。你的职业空窗期越久，找到下一份工作就越难。这是因为你未来的聘请者对你的价值评估会随着你空窗期的增长而降低，想着你为什么还没找到工作，为什么还没被别的公司挖走，而这种时候你越是努力地向他们证明自己的价值，可能就显得你越绝望。

无论如何，辞职跳槽到新公司并不总是正确答案。如果你能谋到更好的职位，在更出色的公司和更优秀的企业文化中工作，或是能更好地平衡生活，抑或是收获更有利于未来发展的平台，那你当然可以考虑跳槽。但是我得提醒你：如果每两三年就跳一次槽是你晋升的唯一策略，那么你的心思可能在简历上体现得一清二楚，导致你难以找到下家。如果换公司是你晋升的计谋之一，请记住，这并不是长久之策。如果你的潜在聘请者觉得你对他们也是想干几年就走的态度，那么他们可能会认为你对公司不忠诚，你能给的回报不值得他们招聘投资。

经常跳槽也意味着，你可能是从高端公司转到普通公司以获得晋升机会。如果你不断"向下交易"以获晋升，你可能会在短期内获得更高的职位，但长期前景可能相对惨淡，而唯一重回高端公司的方法，就是在更高端的公司中担任更低级别的职位！

当然，在一些情况下，你应该毫不犹豫地跳槽，你可能会收到一些无法拒绝的晋升邀约。记住，无论你去哪儿，既来之则安之。每次晋升后，你都全身心投入新的工作，但如果你只是埋头努力，却没有提升自己的核心技能，也不理解晋升这件事真正重要的是什么，那么就算你到了新公司，在任期的最后，你可能会和最初得到这份工作时一样，毫无进步。无论你选择留任或是高升，我都建议你借此机会花点时间通读本书，了解晋升到底是怎么一回事；再花点精力培养一些积极主动的技能，为自己创造优势。

我听见你大喊："这不公平！我比那个成功晋升的人强多了！"或许确实如你所说，这并不公平，但你对此做出的回应决定了你职业生涯的下一个阶段。是时候摒弃消极抵抗的行为，用更具战略性的方法取而代之了。

⬆ 别当自己的拦路虎

　　候选人通常会在错过晋升机会后收到反馈：由于他们缺乏某个技能组合，或是业绩未达预期，抑或是缺乏晋升所需的必要经验，所以他们尚未做好晋升的准备。他们还可能会收到一些关于如何填补空缺之类比较有建设性的意见。打个比方，初级经理往往会被告知自己缺乏决策技能，无法胜任高级经理的职位。其实有时别人会说你缺乏经验，无法胜任那个尚未获得的职位，这是没有任何嘲讽意味的，很多第一次想当经理的人都听过类似的话，说他们缺乏人事管理的经验。

　　那么你要如何变不可能为可能呢？我建议你想想反馈人说的话，再想想他们有什么没说出口的潜台词，分析一下阻碍你晋升的因素可能是什么。或许反馈人会开诚布公地说，你需要好好听然后虚心接受。又或许反馈人并不会直截了当地说明阻碍你晋升的是什么，这就需要你老老实实地审视一下自己的情况。可能你的工作绩效和工作成果都达标了，但还有其他因素阻碍着你的晋升之路。

如果你不能明确问题所在，那就看看下列榜单中的几个常见的拦路虎，是否在你身上也有。解决问题的第一步是分析问题。将这个榜单视作一次自我审视的参考，认清自己的拦路虎。

十大晋升拦路虎

1. 缺乏自信

如果你想得到晋升，你得相信自己的能力和潜力。想想迄今为止你取得的成就，要相信自己可以继续攀登，进一步高升。别再自我否定了，我们都会时不时缺乏安全感，但如果你真的想晋升的话，那就必须全身心投入并为之奋斗。但可别掉入傲慢的陷阱。如果你染上了傲慢的名声，那其他人很可能会想方设法地阻止你晋升。要自信、果断但别傲慢。对自己有信心的同时也要慢慢让决策者对你有信心，这可能是确保你下次成功晋升最重要的筹码了。

2. 人际交往能力差

如果你对自己的同事、下属或老板并不友好也不得人心，那么你晋升的可能性也将降低。公司和团队注重的不仅是体系、过程和结果，更是关心各个成员的关系。如果一个人不尝试社交，从不与同事寒暄，会给人不友好的印象，并且很可能让人觉得你是个难以共事的人。如果你在各个会议上独断专行，无视他人的观点，不顾别人的时间，那么其他事就不会如你所愿。人际交往能力比你认为的重要得多，如果你能努力与同事、团队和其他人友好相处，那你会更容易获得晋升，因为这样，他们更有可能会支持你的晋升计划。

3.不成熟

或许你有许多无益的不成熟之举，你的老练程度尚不足以让你晋升。比如，你在办公室讲一些自认为很有趣的笑话，但其他人可能会觉得受到了冒犯。扪心自问，高管们的一言一行是什么样的，而你是否也以此规范自己了。注意哪些行为会获得别人的尊重，在自我审视的同时在工作礼仪和行为方面自我改进。

4."有资格"

有些人凭着任职时间、年龄这种自己想象中的晋升标准，觉得自己"有资格"晋升。或许你已经错失一次晋升机会了，于是你觉得下一次就会轮到你了，但并不是那么一回事。把自己当成受害者，抱怨未能晋升的不公待遇，只会让你看上去"有资格"晋升，但其实并不值得晋升。反之，你应当专注于积极进取的晋升策略。如果你能以积极的态度应对晋升失败，展示出自己愿意学习进步，虚心请教，人们反而会更注意你、欣赏你。

5.缺乏战略技能

许多人都被告知自己缺乏晋升所必需的战略技能，于是便作罢了，仿佛现在缺乏某种战略技能就意味着永远都止步于此了。然而，所谓"战略技能"

就同其他技能一样是可习得的。在正确的指导下，很容易就能填补知识空缺，如果公司不资助你，那就去商学院找个战略发展的课旁听。开始改变自己的言辞，传递出自己战略性的一面。比如说，下一次开会时，在适当的时机问："我们是否考虑过这一情况带来的长期影响？"或是"我们未来5年需要达到什么目标，如何重新设定当下的优先事项？"要抓住机会提出战略性问题和议题，为团队和公司的长期目标提出解决方案，表现出自己正在为大局考虑，并在想办法让当前计划与之相契合。

6. 不愿异地升迁

在你职业生涯的某个阶段，升职很可能意味着变更工作地点。试着灵活一些，接受眼前的机会，即便这意味着颠覆自己原本的生活。如果你斗志满满，想要晋升，那就不要因为地域问题给自己设限，回绝机会可能将限制你的职业发展。或许，在公司的总部工作，或是投身于新兴市场，恰巧就能提供你所需的经历，让你在职业生涯中更上一层楼。我知道去新的地方生活（甚至可能举家迁移）充满了挑战，但在拒绝这个挑战前，请先确认一下，从长期的职业机遇来看，这种调动是否值得。或许异地升迁带来的颠覆会以其他形式为你带来补偿，比如带你迈入下次晋升的快速通道。

7. 业绩问题

工作成果通常是阻碍人们得到晋升的一大因素。你可以费尽心机地想各种计谋以求晋升，也可以随你所愿宣扬自己的业绩，但到头来，要是没有实绩做支撑，这一切都是徒劳。有些人并不努力，有些人则善于将业绩差归因于他人或是其他外部因素等环境问题。在经济衰退时，他们责怪经济形势；如果经济形势正常，他们又会为自己的不成功找其他问题"背锅"——他们怪客户、怪团队，或是怪这个目标设定过程。然而，要是长期无法取得成果，晋升终将成为无可企及之事。为自己的业绩承担起责任来吧，你真的做到百分百投入了吗？

8. 不值得信任

如果周遭的人觉得你对除了自己以外的任何人都不忠诚，那就是个大问题了。你可能收获了成果，却遭受着信任危机。如果你的领导和同事都觉得你不忠诚，那么这可能就是阻碍你晋升的问题所在了。如果你想承担更多责任，那你就得赢得他人的信任，让他们相信你能行。永远别泄密，也绝不要掺和与同事有关的八卦。

9. 当前职位的不可替代性

在当前职位上做得太好或许反而阻碍了你晋升。这很讽刺，但无法替代的人就是不会获得晋升的，因为如果你去了新的岗位，对领导和其他人而言都很不方便。比如，公司或许会担心，升职后你就得处理更大的客户账户，便会顾不上之前的一位重要客户，导致关系坏了。要应对这种挑战，你得为自己找到继任者并加以培养，在他们准备就绪时推荐他们接替你。如果你对自己在当前职位上的优秀表现很满意，你也不急着晋升，那你的领导可能还挺乐意让你继续留任的。

10. 与领导大相径庭

想办法在日常生活中和你的领导和谐相处。你可能会惊讶地发现，如果你的日常习惯与你领导的大相径庭，会让他们对你产生负面印象。可能领导有洁癖，而你的桌面却总是乱糟糟的；或者领导喜欢早到，而你总是迟到。如果不是太难的话，请你试着与领导同步，这样就不会在不必要的地方惹恼他们了。

与我无关，是领导的问题

伊芙（Eve）与自己的领导合不来，两人的关系日益恶化，但伊芙觉得这与自己毫无关系，她确信自己的领导才是罪魁祸首，于是以离职的方式解决问题。由于伊芙是技术产业领域的，所以换工作相对容易，她在离职后又去了另一家有趣的公司。然而，在头 3 个月的新鲜劲儿过了之后，她与新公司的老板也起了冲突。"我真是太倒霉了。"她对自己说。在与新领导起冲突不到 2 年内，伊芙觉得压力太大，决定离开公司。

由于不会自我反省，这样的情况一而再再而三地出现。伊芙自怨自艾地觉得自己老遇上"错"的领导，最后她得出的结论是，领导们觉得她太优秀了，觉得受到了她的威胁，所以对她有意见。伊芙应该意识到这种模式体现了她的自身问题，她之所以会这样想，或许是因为傲慢地觉得自己比领导强，所以不喜欢听命于人。

好吧，除非你领导的领导也这么认为，或者你准备自立门户，不然你总会面对一位负责管你的领导，你得尊重他们，想办法与他们友好相处。

　　仔细想想，你是否面临着上述的其中一些拦路虎，然后思考一下自己可以做些什么来应对。如果你发现"拦路虎"是自己，那可是好事，你可以加以改进。如果上述的哪一条戳到你的痛处了，那也是件好事——因为这样一来，你就能精准定位问题，对症下药，然后就能专注于解决"拦路虎"，这样你离升职就又进了一步。请尝试完成表1-1。

表1-1　"拦路虎"检查表

我妨碍自己的晋升了吗？	√是	× 否
缺乏自信		
人际交往能力差		
不成熟		
"有资格"		
缺乏战略技能		
不愿异地升迁		
业绩问题		

我妨碍自己的晋升了吗?	√是	× 否
不值得信任		
当前职位的不可替代性		
与领导大相径庭		

⬆ 别指望你的工作为你"发声"

自己闷头做事是不够的,也得让其他人知道!这并不是每个人都能自如地做到的,但学会宣传自己的成就是获得晋升的关键所在。你得自信地为自己说话、分享你的进步、获得你该有的信誉。

我们总觉得其他人会注意到我们的辛勤工作,认可我们的潜力,但实际上,大家都有那么多工作任务要完成,每个人都忙得不可开交,默认没人有时间发掘你的闪光之处才是明智的。默默地等待别人注意你，不为自己说话，很可能会被人们误以为你没什么值得自夸的。你得向主要利益相关者宣传自己的工作，以得到你应有的认可。刚开始，你可能觉得很不适，特别是你认为自己比较内向的话。但是每个人身边总会有个外向者，喜欢宣传自己的想法。你的成果和品质都很宝贵，但你得确保其他人也注意到这些。你要努力做出建设性、实质性的贡献，与帮助过你的人分享功劳。

通过以下措施，为自己争取尽可能好的晋升机会：

- 做自己的宣传人。
- 习惯在会议上发言。

- 多多露面，提高影响力。
- 提升你话语的能量等级。
- 提高你的适应能力。

做自己的宣传人

记录你的成就，并定期将它们向领导和他人展示。除非你主动向他们解释自己遇到的困难，不然他们会认为你很轻松就完成了工作。向他们说明你想达到的效果、你面对的挑战、你付出的努力以及你创造性的解决方案，这样他们才更会觉得你了不起。轮到你向同事更新进展时，不要羞于开口，将你的工作从更宏观的角度和总体策略结合起来，解释你为什么重要，因为在这种情况下，人们希望至少能了解其他人在做什么，有时这意味着发现更多协作机会。

习惯在会议上发言

以你从自己工作与经验中得出的结论为支撑，在团队会议上向领导及同事分享自己的观点。让他们知道你的想法是什么，知道你的观点不仅独特新颖而且十分有用。也许由于你提供了针对现状的全新视角，你的发言或许会为公司和团队面临的问题提供解决方案。不要默认其他人就一定比你更懂，即便你害怕在团队中讲话，也要鼓励自己敢于发言，参与其中。

重要提示

即使远程办公，也要让领导"看"得到你。

不幸的是，远程工作者对于领导而言可能是

"眼不见，心不烦"的存在。如果你不怎么在办公室露面，那么你在远程阐述工作、展示工作时就要加倍注意了。你要定期安排与领导和主要利益相关者的会议，一直出现在他们的视野中，经常在会上发表意见，牵头新项目。保持联络，随时在线，别让远程办公成为你晋升的阻碍。

多多露面，提高影响力

别把日常工作当成提升影响力的唯一手段，主动将下次会议提上日程，借此机会展示你或你的团队的进步与成就。争取更多说话、做事的机会以展示自己的工作，动用一切可用的社交平台和技术工具，让人注意到你的工作。有"存在感"通常指的是自信地做与他人迥然不同，或是与预期相反的事。

比如，遇到危机时，与其在这戏剧性的事件中迷失自我，不如保持镇定，为后续行动提供建设性意见。敢于挺身，敢为人先。当所有与会者都坐着说话时，成为站起来发言的那个人。

提升你话语的能量等级

要让人注意到你，重要的不仅是你说话的内容，更是你说话的方式。咕咕哝哝显然是不行的！口齿清晰，直言不讳。运用表情和语气，让你的发言更有精神、引人入胜。或许你可以先用"震惊式"表达阐述结论，吸引大家的注意力——比如："我们一直无视客户！"或是在开头抛出问题："如果我们用另一种方法会怎么样呢？"——在确保大家都集中注意力后，开始你的演讲。

你提升个人的能量等级的同时，整个会议室的能量也得到了提升。可以尝试不同能量等级，看看哪种有效，在不用力过猛的情况下尽力而为。下一次，当你走进一个低能量会议室，所有人都被难题困扰，与其受别人低落情绪的影响，不如提出一些高能量的问题："我们能做些什么不一样的？""有哪些新的切入点？""这种情况让我们想起什么？我们能从过去学到些什么？""还有谁能帮我们？"转换一下气氛，鼓励大家重新思考这个问题。

提高你的适应能力

你要直面任何恐惧，勇敢表达自己的观点。你可能担心自己出丑，或是有人不把你的发言当回事，但你要为这种偶然情况做好心理准备，即便真的发生了，也不要打退堂鼓。如果你讲完后，效果不如预期，耸耸肩，然后下次再努力就好了。提出自己的想法时要有理有据，坚定地阐述，准备好为之辩护。通常，贬低他人的人自身非常缺乏安全感，你应该将贬低人的话语视为说话者自身的不自信，而你自己则继续保持自信。成功也好，失败也罢，只要尽力而为就好，不要沉溺于过去。万物皆体验，我们可以从中学习。只管大胆往前走吧。

第二章

为自己赋能

⬆ 做好规划，对自己负责

完成晋升任务的最佳方式就是，视其为日常工作以外的新项目，这样做很有用，原因如下：第一，这意味着你意识到，自己需要投入日常工作以外的时间和精力；第二，它证实了仅在现任岗位上表现出色是远远不够的。努力获得晋升不是什么稀松平常之事，这需要额外的精力和注意力。腾出足够的时间，保障晋升项目的成功。

　　我建议你以本书为指导，从每周腾出 2 小时开始，专注于自己的晋升计划。运用下一章讲述的晋升策略来厘清自己需要做什么，以保证面面俱到。

　　用不了几周，随着你对本书中的概念越来越熟悉，为升职付出的点点滴滴会渗透到你的日常思维和行为中，融入你工作的心态和方式中。但你还是得花时间退一步想想，自己进步了多少（或是没有）。为了更好地审视自己，可以试着在回顾自己的进步、为晋升和职业生涯做策略的时候走出办公室，这能让你更客观地看待事物。还可以考虑在公司内部找个支持你的导师，或是在公司外请职场教练，给你额外的助力。导师可以是公司内部资历较高的人，愿意教你驾驭职场文化，给你提供明智的建议。职场教练则并不一定了解你所在公司的体系与运作方式，但他有专业资质，受过专业培训，能够对你和公司的假设提出质疑，帮你获得全新的视角。

　　升职就像你生活中想要的其他事物一样，关乎于"投入与产出"。换句话说，你在任务中付出的努力越多，想要的结果就来得越快。别等到公司下一轮年度晋升的前几个月才开始制订计划，你得采取更加积极主动的方法，而这个方法指的就是打破真实存在的规矩和认知中的规矩。你甚至可能会在今年破格晋升，而非等到年末才晋升。别再等着让他人来决定自己的命运了，开始为自己创造机会吧。本周就开始你的升职计划，到了真正实施的时候，你会习惯性地应用本书中的概念，然后惊叹于回馈来得有多快。

⬆ 认清自己当下处境

可以从评估自己当下处境着手，开启你的晋升计划。以下是几个自测题，让你能更清楚地了解自己所处的工作环境是否在结构上支持晋升，或者是否应该考虑跳槽至更好的环境中：

● **竞争有多激烈？** 无论竞争有多激烈，我的建议都会帮助你争取晋升。然而，面对同一个岗位，与 3 个候选人竞争和与 300 个候选人竞争，前者无疑要简单得多。有什么办法可以让你的下一次晋升竞争不那么激烈吗？试想，如果你跳槽至利基市场或把握全新的市场机会，竞争会不会少一些？了解公司中高级职位的供需情况可以让你认清现实，明白自己需要提升多少能力才可以在竞争中脱颖而出。

● **你的公司有多成功？** 如果你的公司财运亨通、欣欣向荣，那么它就更有能力提供新的机会。全球企业品牌通常在本土和国际上都有大量可晋升职位，晋升空间很大。许多咨询公司都有着老生常谈的毕业生项目和人才管理快速通道计划。技术行业的初创企业是高增长公司的典型，他们的商业模式和商业使命需要他们快速扩大公司规模并上市。你所在的公司是成长型企业吗？公司是否足够强大稳定，能够实现你未来的晋升抱负？还是说你得考虑跳槽至更好的环境？

● **你的领导有多支持你？** 理想情况下，领导愿意投资你并助你成功，希望你能发挥最大的潜能。如果领导很支持你，那么你晋升的概率就会更高。请稍做思考，你觉得你的领导是否明白——保证你把工作做到最好，确保你的技能组合不断进步，准备好迈向职业生涯的下一个台阶，是他们分内的工作？你的领导会将你视作他们的接班人吗？试着和领导聊聊他们自己的职业道路规划，了解他们准备往哪儿发展，何时迈出下一步，是否会带你一起高就，或是让你接任他们的位置。

如果你所处的环境已经具备了一项或多项结构性优势，对你来说是好事，因为你晋升计划的下一个阶段只需充分利用这些优势就行了。但对你们中的某些人而言，问完这些问题后，你会明白自己的晋升概率并不大，或许你需要考虑一下横向移动，换个新的领导或是换个新的工作环境。而这并不一定意味着要离开你的公司，可能只是战略性地调动至另一部门罢了。无论你的处境如何，即便困难重重，我的建议也会对你有所帮助，但你最好心明眼亮，明白你的现状在阻碍或决定你向前迈进的能力方面起着什么样的作用。你对挑战的规模有所认识后，再考虑换个领导、调去公司的另一部门，或是干脆离职是否明智时，可以更具策略性，也更周全，而这便是你晋升的关键所在。

　　无论你的处境如何，你都应当成为自己晋升路上的主导者，别让其他人掌控你的职业生涯。如果你作为应届毕业生进入了一家公司，你可能会接受很有条理且高效的入职培训。大多数公司都会招聘大量应届毕业生，在入职培训方面都做得很好，能成功帮助毕业生从松散的校园生活过渡到规范性更强的工作环境中。如果你经历了这样的培训，不要

有种错误的安全感，觉得今后的职业生涯也一直会
有这样的职业引导。还记得我作为应届毕业生加入
一家管理咨询公司时，起初的 5 年内，我们的职业
道路受到了全方位的照料。但是，成为管理人员后，
我们突然间成了独立的个体，在充满竞争的金字塔
式晋升体系中无依无靠，成败全看自己。

你的领导肩负着太多责任，有太多事要忙，他
们很可能不堪重负、自顾不暇，没空花时间考虑你
的职业幸福度和晋升事宜。领导更喜欢你为自己负
责，比起等着别人手把手教的员工，他们更看重能
积极主动地掌控自己事业的员工。如果你的大多数
同事都很"需要帮助"，等着其他人来指导照料，而
你却能积极规划自己的职业生涯，为自己创造前进
的道路，那你就自然而然地与其他人区分开来了。

哪个领导不喜欢积极进取、意志坚定、斗志满满的员工呢？你要成为这样的人。别等着其他人来掌管你的职业生涯，要把职业生涯掌握在自己手中。

记住，你不仅在和自己的同事竞争更高的职位，你也在同公司外的求职者竞争——而且可以确定的是，他们会花费时间和精力打磨自己的简历、结识新人脉、谈论自己的成就。如果一个外来者成了老板，但这个人对于你了解的公司文化和你掌握的隐性知识一无所知，那么你作为公司内部人员，会对这样的情况十分不满。你觉得这不公平，但你得理解，外来者会注入新活力、带来新思路、提供新视角，这也是他们更具吸引力的原因。想想自己能做什么来应对这种威胁，重拾精神、重塑自我，想办法与之抗衡。

或许你也可以走外部招聘，或是调动到公司内部的其他部门或团队来获得相同的好处。或者设想一下，你会采取哪些行动来获得相应的知识和经验，在当前的职位和公司中对自己重新定位。这或许意味着请一周假，参加一个高管教育课程，或是参加公司其他部门的工作调换。

⬆ 给女性和少数群体的特殊建议

本书给出的建议对每个人都同样适用。然而，如果你是公司中的少数群体，决策者可能会对你带着或有意或无意的歧视，从而在做晋升决策时忽略你，所以你可能比别人更难成功晋升。

无意的歧视是后天形成刻板印象，根深蒂固且非故意为之，如果放任不管，可能会对招聘决策及晋升决策产生负面影响。幸运的是，社会在进步，工作场所也在进步，尽管职场尚未实现公平竞争，但许多公司都对多样化和包容度的必要性有了更多的认识，并懂得曝光偏见、消除偏见的重要性。

你可能也已经内化了一些社会和职场的偏见。比如，一些女性可能得有意识地克服低估自己成就的倾向。有些女性如果没有完美的工作数据做支撑，就会不够自信；相比之下，男性哪怕只是基于较少的工作数据，甚至仅出于直觉，都能自信地提出自己的主张。在资源很少的情况下，一些女性可能会遵守公司的要求，用较少的资源做出较多的成果，而男性则会想方设法地争取任何可用资源。

所以，要如何打破他人或自己施以的枷锁？我建议你给自己赋能，成为独一无二的人，有能力提供令人信服且大有裨益的观点。大胆一点吧！实现多样性不仅是达成平等的势在必行之举，还是企业和领导者成功的关键之策。要知道，来自不同文化背景的人能够带来新的工作方法，他们擅长开拓创新，善于批郤导窾。

　　给家长们的重要提示：明确地传达出你处于"快车道"还是"慢车道"。对于传达出想在孩子尚小的时候转向"慢车道"工作的父母们，我给你们的建议是：一定要在自己准备好重回"快车道"时，传递出明确的信号。

　　由于需要权衡工作与家庭的重要性，你告诉领导，自己这段时间都不愿在工作上承担额外责任了，这可能就是你传递出的"慢车道"信号。如果你这样做了，别指望你的领导会默认你想重回"快车道"。在有新的晋升机会时，他们可能已经把你排除在外了，所以当你准备好承担更多工作职责或是接受异地升迁时，你得及时告知他们。如果你不与领导沟通这个意向，他们会觉得你不愿意升职，于是有升职机会的时候压根不会和你沟通，因为他们觉得这是为了你和你的家人好。

　　或许你压根没有意识到自己传递出了"慢车道"的信号。如果你觉得自己的事业停滞不前，但你不确定原因，那就跟领导聊聊你的抱负。如果你的领导听到你想晋升、想承担更多责任时觉得惊讶，那么很不幸，你之前一直都传递着错误的信号。你得尽可能快地扭转这种局面，在谈话中清楚地表明你的态度，并用实际行动证明自己想晋升。

第三章

你的晋升策略

⬆ 晋升的 6 个关键步骤

把如何晋升这个相对困难的挑战拆分成几个具体的步骤，将有助于你达成目标。每个步骤都有各自的作用，把所有步骤加在一起，效果就会最大化。将你的晋升策略拆分成多个步骤能为你提供助力，让挑战更易达成，不那么令人望而却步，也好让你依次专注于各个步骤。这会给你提供积极的动力。

鉴于此，我将晋升策略分解成了 6 个关键步骤

（见图 3-1）。我在本章阐述了完整的策略纲要，并在后文分别论述每一个步骤。

六个关键步骤
厘清思路
全身心投入
建立自信心
建立信任
采取行动
达成协议

图 3-1　你的晋升策略

厘清思路：在正式投入晋升大计前，先退后一步，从大局着眼，思考一下：你想从职业生涯中获得什么？你为什么想晋升？你的下一步要如何与长期职业目标相契合？要弄清真正激励你的是什么，发现或创造你所追求的晋升机会，确定晋升的决策者。

全身心投入：准备好投入工作。你不仅要在日常工作中下功夫，还要在晋升计划中投入精力。你得腾出时间、投入精力，实施我在本书中提出的概念。督促自己进步，提出晋升要求；准备好学习、成长、改变。殊途同归，晋升的终点总是成为领导者，所以你现在就得全身心投入，让自己的言行举止像个领导者。

建立自信心：或许你很想晋升，但你真的有信心能胜任晋升后的职位吗？要想让他人相信你，就得先相信自己的能力和潜力，这一点至关重要。要欣赏自己的长处，相信自己能为新职位带来价值，那你就得树立信心，准备好走出自己的舒适圈。

建立信任：在决策者面前为自己建立良好的形象，向他们证明你有辉煌的业绩，证明你是有价值且靠谱的晋升候选人。从竞争的同事中脱颖而出，建立良好的声誉，不要做任何有损可信度、不利于晋升的事。

采取行动：让你的晋升成为众望所归之事。你得弄清自己晋升的决策者和影响者是谁。你的领导或许并非唯一决策者，说实话，他们甚至可能和你的晋升决策毫无关系。对不同的利益相关者有所了解后，你就会更清楚要如何待人处事。一次成功的晋升行动需要你了解职场文化，树立影响力并制造声势，通过"推销"你的计划、展示自己的优势所在，将支撑你成为晋升之人的内在品质展现出来。

达成协议：弄明白如何达成协议。即便得到了晋升的应允，真正尘埃落定前可能还有些未竟之事，比如确立新头衔、商讨薪酬、约定到岗时间等。在收尾阶段，如果晋升岗位与你的预期并不完全相符，或是待遇不尽如人意，你还得决定要不要拒绝这次晋升机会。（你可能会想，万一永远没有合适的晋升机会怎么办？）

熟悉这些步骤后，你或许能更好地规划晋升策略，让每一个关键步骤都有对应目标和预计达成时间。规划晋升策略是你的首要任务，规划 3 个月内要做的事，再是 6 个月内的，然后是 1 年内的。给自己设定一个"验收日"，能在督促自己的同时为自己提供一个靠谱的框架，用以衡量自己的进步情况。比如，以 3 个月为节点，回望过去这段时间的进步，回顾你的努力在哪些方面卓有成效，又在哪些方面劳而无功，同时为未来 3 个月的计划重新规划事项和优先事宜。

不断晋升之"3-6-12"模板

表 3-1 为"3-6-12"模板。

表 3-1 "3-6-12"模板

6 个关键步骤	关键里程碑			
	首要行动	3 个月目标	6 个月目标	12 个月目标
厘清思路				
全身心投入				
建立自信心				
建立信任				
采取行动				
达成协议				

　　尽管我描述的晋升策略看似需要循序渐进、按部就班，但在真正实施的过程中也不用太一板一眼，面对比预期来得更快的机会要保持积极开放的态度。一旦你为晋升投入了时间和精力，就能制造新的声势，人们可能就会开始注意到你这个人，了解你的

能力。你采取的态度和方法越是积极进取，你获得的机会可能也会越有趣、越意想不到。好机会摆在你面前了，就抓住它！你的改变会带来新的可能。比如，你可能会突然被赋予一个重大项目的额外责任，让你有机会在更资深的利益相关者面前展现自我，这对于你未来晋升大有好处。有了第一次成功，就会有第二次成功。

接下来，让我们一起细细探究这 6 个关键步骤吧。

第四章

厘清思路

⬆ 你晋升的动力是什么

　　激发你晋升抱负的是什么？思考一下你的长期
职业目标和短期晋升愿望，考虑一下自己的外在动
机和内在动机，想想给你带来动力的是什么。

　　外在动机和内在动机（见图 4-1）有意无意间
影响着我们的行为。外在动机来源于追求声誉、获
取高薪，或是想给他人留下好印象等外在影响因素；
内在动机则是我们内心深处的驱动力，比如我们的

核心价值观以及追求真正重要的事物时我们在乎的东西等。尽管外在动力很强大，毕竟你确实需要一定的物质报酬才能过上好日子，但仅凭外在动力并不能满足大多数人的内在需求。

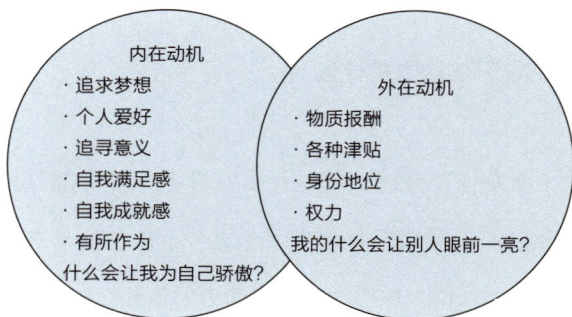

内在动机
· 追求梦想
· 个人爱好
· 追寻意义
· 自我满足感
· 自我成就感
· 有所作为
什么会让我为自己骄傲？

外在动机
· 物质报酬
· 各种津贴
· 身份地位
· 权力
我的什么会让别人眼前一亮？

图4-1　内在动机和外在动机

我们都为工作投入了大量时间，就更应该优先考虑内在动机，努力对工作有归属感和目标感。与其带着你的晋升策略一股脑往前冲，只考虑摆在你面前的晋升机会，不如花点时间反思一下，对你而言真正重要的是什么以及它为什么重要。在你的职业生涯中，显而易见的下一步往往不是能让你快乐的正确选择。如果经过反思，你改变了自己的职业抱负，重新确定了你的理想工作和定位，等于少走了好几年的弯路，避免了浪费职业生涯的潜在可能性。

你不必一定遵循公司给你设定的职业道路。从现在起花时间重新审视，有助于你做出抉择，明白自己在工作中投入的全部时间精力到底是为了实现什么目标，你可以借此重新调整重点，将注意力放在这些志向上。如果你能深入挖掘自己的内在动力，弄清楚自己为什么想要某样东西，那你就更有可能保持动力，一直努力争取了——在你为之努力并得到晋升时，你会收获更多个人满足感。内在动力会一直激励你深入探究、持之以恒，无论在过程中遇到什么挑战，都能实现自己的目标。如果你真正弄清并认同了自己的内在动力，那么你的精力、意图和决策都会积极地统一起来，让你更有可能实现个人成功，事业有成。

别指望你的公司、领导或是任何其他人帮你弄清自我成就的方法，这是你的人生，怎么做全凭你自己来决定。别把人生决策权让给其他人，他们不可能真正了解你的内心世界，也没法明白你想怎样发挥自己的潜力。担起培养自己的责任来，弄清楚自己需要什么、想要什么。

保有抱负、志存高远，寻找你的人生目标。现在就抓住机会，停下来思考对你而言真正重要的是什么以及为什么重要。

对我而言重要的是什么

表 4-1 列出了一些对人而言重要的事。

表 4-1　重要的事

个人生活	职业生涯
例子： 有所作为、有所影响 为我的孩子创造更好的条件 向别人证明他们不该小瞧我 为我的成就自豪——让父母骄傲 自我发现的旅程——如果我全力以赴，能 　有什么成就？ 快速登顶，早日退休，追求第二职业或寻 　求更广泛的兴趣 实现财务自由	例子： 开发自己的领导者潜能 释放他人的潜力 运用自己的天赋、技能 　和知识 达到职业巅峰 成为全球专家 掌握一项技能 扩大名声 留下职业传承

更广泛地思考了对你而言真正重要的事后，将你的下一次晋升和你的长期职业目标结合起来。思考下列问题：

● 你知道自己职业生涯的长期目标是什么吗？

● 下一步的晋升对你实现未来抱负有益处吗？

● 这次晋升是否让你走上了追求终极职业目标的正确道路？

● 不管这个职位接下来会带你走向何处，它本身是否有趣且充实？

● 你的职业追求是否仅限于地位、财富或权力——是不是该退一步全面考虑一下，你的职业生涯追求是什么，你想从下个职位中获得什么？

在事业成功、薪酬丰厚、享受工作的同时，你也可以留下造福他人的积极传承，并不一定要权衡取舍，你可以多者兼得——只要你明白"多者兼得"对你而言到底意味着什么。不要为了短期的诱人晋升而放弃长期的自我实现。

　　以终为始，思考你想留下什么样的职业传承。你是不是想改变世界，让世界变得更美好，造福他人，创立公司，成为世界级专家，成为首席执行官？问问你自己：

- 我真正在乎的是什么？
- 我最终梦想的职位是什么？
- 我的下一次晋升如何与最终梦想相契合？

然后想想：

- 我的核心价值是什么？我该相信什么？
- 我的热情所在和兴趣所在是什么？

- 谁激励着我？

- 什么给我带来了欢乐？

- 我在工作的什么时候最有满足感？

　　由于你会将全部精力专注于后续的步骤中，因此越是清楚自己的动力所在，事业有成的愿景越是清晰，你就能越快成功。对未来结果有清晰的认知将会激发你释放自己所有的天赋和努力，实现晋升——就从你期待的下一次晋升开始。

⬆ 发掘或创造晋升机会

　　有了更清晰的大局观，明白了对你重要的是什么，你就可以运用人力资源部门或是你的领导这样正式的人脉网络，来发掘现有或是即将出现的职位空缺。但是如果适合你的岗位暂不空缺，你要如何着手创造晋升机会呢？或许你心仪职位的在职者5年内都没有离职打算，或是没有合适的晋升职位。或许由于你正忙于一个重大项目或是交付任务，这就意味着领导在一两年内都不会让你离职。考虑到一般情况下，大多数职位的任期只有3年，你就需要权衡一下自己现任职位和期望职位的任职周期和晋升时机是否能相匹配了。

那么，你可以采取哪些措施来创造晋升机会呢？

找好你的继任者

是否有继任者能够接替你的现任职位？如上文提及，你晋升的阻碍之一可能就是你的不可替代性。拥有能力颇佳的继任者能让领导者在工作生活上更加省心，对领导者自己的晋升而言也是了却了一桩麻烦事。我建议你在就任后就开始考虑继任事宜。

预测职位轮换节奏

对于你心仪的职位，要了解现任者的在任时长。如果他们才刚转到这个职位不到 1 年，那么说实话，这个职位在未来几年内都不会空缺。想想你在这段时间内可以做什么来获取更多经验，以该职位的继任者来自我要求——或者想想你是不是该换个晋升目标？

拟定新职位

考虑如何劝说领导，拟定一个能发挥你长处，却还未纳入公司体系中的高级职位。由于你是想法的提出者，任何竞争都自然而然地消除了。特定办公室主任、特殊项目经理、战略创新主管这些职位如果尚不存在的话，都是值得作为建议提出的。这类职位都可以根据你的长处拟定，要是协商一致，这可能就是一次晋升了。

团队内部地位提升

看看你能不能向领导提议设立团队副手的职位，然后毛遂自荐，为领导分担某些具体项目的职责，为他们卸下重任。如果不能马上晋升，这也能作为你快速晋升的先导部分，毕竟如果大家都视你为同事中的佼佼者，那么你作为下一位晋升者就更令人信服了。这是让你提前锁定晋升席位的好方法。

给你的现任职务"镶个金边"

给你的现任职务"镶个金边"，让你的现任职务名称更具有战略意义。我曾帮助过一位人力资源主管，将她的职务改成了"首席人力资源官"，这一称号帮她成功获取了职位晋升，在执行委员会管理会议上获得了一席之地。改变职务名称是为了展示她在人事方面的创造能力以及她的贡献在会议上受到重视的原因。如果觉得成为"首席"这个步子迈得太大了，那么在现任职务前加上个"资深"如何呢?

时刻留意职位变动和晋升机会

当某位同事准备退休，或是当你知道某人在外面参加面试（即他们离职后会有职位空缺），或是某位更高职级的同事宣布了怀孕的消息，他们需要临时代班的人（这就给了你一个机会，让你在更高等级的岗位上证明自己的价值）时，要多加留心。请注意，当你的领导抱怨自己身上的担子太重时，或许就是你向他们提出分担责任的好时机。

提前应对公司变动

密切关注最高领导层即将发生的变动，例如任命新的首席执行官，或是任何公司其他的重大变动。同时，行业和经济的整体表现也值得关注，以便预测可能出现的变动。新的首席执行官上任后，会重组领导团队，这对于你和你的领导而言意味着什么？新的首席执行官将如何调整战略议程？你要如何了解更多相关信息，准备好应对可能出现的结构重组和全新职务？

对于策略性地管理自己事业的积极进取者而言，公司重组并不是什么可怕的事。借此机会弄明白为什么会重组，会有哪些新职务，尝试相应的调整，以适应新战略方向的需要。

主动请缨战略任务组

公司时不时会启动一个跨职能战略任务组，以审视公司的长期前景，评估其组织能力。战略任务组可能需要员工帮助研究并分析趋势及未来可能出现的各种情况，并就公司可能需要做出的应对和相应的重组提供意见。你得主动请缨加入这个战略任务组！这是获取关于未来可能设立的职务及战略重点的内部消息来源。

想想谁能帮你

试着见见其他部门和公司总部的同事，了解公司其他地方的情况。想想你认识的人里，谁目前身居高位或有影响力，和他们喝杯咖啡，聊聊。与人脉广的人在非正式场合交流是收集信息的最佳方式之一，因为他们也许会了解公司目前或未来的变动和岗位空缺情况。想想过去遇到的好领导，他或许会对你感同身受，愿意为你的职业生涯发展提供帮助。要是你认识的人总能掌握内部消息，就和他们见面聊聊吧。

利用好"内疚"机会

在你刚错失晋升机会后的一段时间内，决策者会因为没有任命你而感到内疚，因为你付出了努力，结果却没有获得晋升。这是提出额外要求的最佳时机！

我与一位客户合作时，他的首席执行官刚拒绝让他担任部门领导的请求。我的客户为这个职位投入了大量准备工作——甚至提前几年就举家搬迁到了美国（当时首席执行官需要并鼓励他过去）。然而最终任命结果不遂人愿，我的直觉告诉我，首席执行官一定觉得愧对于他。

于是，我让客户向首席执行官提议设立新职位，即加入他的领导团队，担任首席运营官的职位。首席运营官可以负责特定项目，减轻首席执行官的负担。这样做创造了一个双赢的局面：我的客户仍然能获得晋升，成为领导团队的一员；首席执行官则多了个帮手，不用再感到内疚。这其实就是在发挥想象力的同时，抓好时机、把握人心，这样就会成功！

⬆ 确定谁是决策者

弄明白真正有权决定你是否能得到心仪职位的人是谁。考虑晋升决策中所有的利益相关者，将他们按照决策者和影响者分类。这样你就能根据他们不同的身份分配相应的精力，这对你而言是很有帮助的。

大多数人认为，同一团队或部门的内部晋升是团队领导说了算的，但实际情况往往并非如此。有时候，做决定的人是你领导的领导，而你领导的领导则主要受人力资源顾问的影响。所以你在考虑晋升或任命决定的核心利益相关者时，可能需要广撒网，而不是只想到最显而易见的那些人。如果你想晋升至另一个部门或团队，你的领导仍然是有话语权的，但他充其量就只是个影响者了。

对于任何可能的晋升，考虑以下几点：

● 谁是你的直接汇报对象（直属领导）？

● 如果有的话，谁是你的间接汇报对象（间接领导）？

● 哪些人力资源人员或顾问可能与之相关？

- 你的现任领导对决策的影响有多大？

- 你的同事、团队及客户（现在和将来的）对决策的影响力有多大？

- 决定晋升的最终会议上会有哪些人在场？

晋升行动的首要任务是与决策晋升者建立关系。很多时候，当你排除了所有影响者之后，就只剩下一个决策者了。你心仪职位的直接领导十有八九就是最终决策者，因为在就任者人选及其长期表现方面，直接领导承担了最大的用人风险。而剩下的就都是影响者了。

你需要专注于说服决策者，但是也别低估了核心影响者的话语权。一些公司对于某些级别的晋升有着一套群体决策系统。在这种情况下，你就需要弄清楚，决定晋升的最终会议上，会有哪些人在场。如果影响者在场，他们就有更大的话语权——这意味着他们能在最终决定阶段对决策者施加额外的压力。

我接受新客户时会问他们："谁能一锤定音任命你，而且没人会反对？"然后我们就专注于同这个决策者建立关系。我曾与一位想晋升至首席战略官的客户合作，起初他很关心利益相关者们和他们对自己担任该职务的看法。我指出，只有首席执行官可以对该职务做决策，而且我的客户和集团首席执行官关系平平，那么他晋升行动的重点就该是与首席执行官交好。你不必没完没了地罗列那么多利益相关者，捡了芝麻丢了西瓜。不要过度分析，有时候最简单的答案才是最有效的。

我的另一个客户觉得她的领导说了算，当我问及她和领导的领导是否有来往时，她表示从没试着与其有所交集。我向她提议，如果领导的领导对她印象深刻，那么这位大领导可能会在晋升决策或影响链中排除众议，一锤定音。她也表示确实如此，如果大领导坚持的话，她就能成功晋升。所以，我们把重点放在了她领导的领导身上。大领导需要有人陪同一起参观客户现场时，她就马上自告奋勇；她在大领导身上投入了时间，在活动筹备、参观过程及后续的跟进记录中，她都用自己的知识储备和人脉，给他留下了深刻印象。在做晋升决策时，大领导想要任命她，就这样，她晋升成功了。就像我一直说的，你辛勤工作并不是最重要的，还得让关键人物知道你是谁，你实现了什么！她得到晋升后对我表达了感谢，并表示如果自己没有毛遂自荐，抓住和大领导建立关系的机会，那她永远也不会得到这次晋升。一个创造性的建议可能就是达成协议的关键。

但有时候，无论你做什么，你的晋升之路都会受到强大影响者的阻拦，他们视阻碍你晋升为己任。每个决策背后都受着职场环境的影响，有时候一些负面声音会对你不利。如果有小人发现你的方案存在弱点，或是你因为某种原因声誉不佳，他们就会借此大做文章，给你带来不利影响。你需要对这一现实加以警惕，同时准备好应对自己即将面临的职场环境。随着你的职位越来越高，僧多粥少，竞争便会越来越激烈，职场环境在决策中起的作用也会愈发复杂。但好消息是，你可以学习并了解如何应对晋升中的职场环境问题。

第五章

全身心投入

⬆ 主动提出晋升请求

在职业生涯中前进的关键在于采取积极进取的策略，一旦有了晋升思路就要付诸行动。期待获取心仪职位和全身心投入谋求职位，是两种截然不同的心态。要想获得晋升，你需要全身心投入，采取相应的行动。现在就下定决心，不要只是想想而已，而是要放手一搏，付诸行动——其中之一就是，要有主动提出晋升请求的勇气。

"如果你不开口，就不会收获"的道理在晋升方面当然同样适用。许多人都被动地等待他人注意到自己，为自己安排。他们总指望别人来对自己的职业生涯负责，为自己提供支持，发现自己的潜能。如果你还是毕业生，或正处于职业生涯的早期，或是你晋升至管理层的路线很清晰，同时也有许多空缺的中级管理岗位可供你晋升，这种被动的策略是可取的。然而，公司的架构通常呈金字塔式，越是往上，空间就越狭窄，所以静观其变是没法超越对手的。在这样一个充满竞争的环境中，原本就僧多粥少，每年公司或许还会招收新晋的外部人才，你可不能这样坐以待毙，等有朝一日被提拔。你必须全身心投入，主动请缨，提出晋升请求。

主动提出晋升请求这个建议听上去是不是像句

废话？因为许多人就是这么直截了当。但我也注意到，对另一些人而言，由于害怕被拒绝，主动提出晋升请求其实很困难。不要害怕别人说"不"或是"时机未到"，可以换种思路，将每一次"拒绝"都当作一次学习的机会，借此向他人寻求建设性的反馈，了解你在未来需要做什么才能得到晋升。与其浪费时间，不仅稀里糊涂，还没能努力消除决策者对你的疑虑，不如主动开口，询问他人对你的看法。相信自己，坚定信念。要对手头的晋升任务有清晰的认知，并全身心投入其中，然后主动提出晋升请求。有时候人们会有错误的假设，认为既然自己想晋升是理所当然的事，那么其他人也会这么认为。但实际上，如果你没有主动开口，那么决策者很可能就会认为你并不是很想晋升，特别是当他们正因另一位表明晋升意愿的候选人而倍感压力时。

当然，要是能掌握正确的开口方式，会对你有所帮助（见图 5-1）。

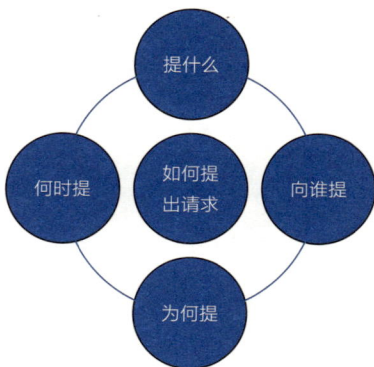

图 5-1　如何提出请求

提什么：晋升请求要具体到职位名称和任期。仅笼统地要求晋升，却不对其加以具体定义，也不谈进一步的职责，那么这请求就过于含糊了。听上去你似乎只是为了晋升而晋升，却没有考虑这次晋升要如何与你的职业发展道路相契合，也没考虑它要如何与公司的需求保持一致。

向谁提：罗列各位晋升影响者及决策者，甄别出最终的决策者。记住，最终决策者或许不是你的现任领导，也不是你未来的领导。通常来说，最终决策者往往是其中最资深的人，或是最需要为候选人胜任与否负责的人。

为何提：陈述自己的情况，阐明为什么晋升对你意义重大，你为什么是该岗位的最佳人选以及最重要的，为什么让你晋升会为公司带来好处。阐述时要精力充沛、热情满满，如果领导相信你是真的想晋升然后大展身手，那你就更有可能锁定晋升席位。

何时提：一如往常，时机十分重要。在你认为决策者最容易接受请求时，向他提要求。这个时机可以是你的团队或部门达成年度目标后，或是你取得重要个人成就后（如成功敲定一笔重大销售交易，或是为公司"打了胜仗"），抑或是你收到客户的赞扬和反馈后。如果觉得决策者特别仁慈，或是决策者本人取得了某些个人成就时，就需要加以注意了，这说不定就是个开口的好机会。挑选开口时机时要聪明一点，向领导提前表明自己的晋升意图会好一些，这样他们就不会对此毫无心理准备。给他们一个仔细考虑的机会，而不是在会议上出其不意地提出请求，给他们一种被逼上绝路的感觉。这样做是有风险的，因为你急切地想要答案时，得到的回应往往是否定的。

重要提示

开始谈论你的梦想职位

如果你的梦想职位离你至少还有两三次晋升才能够到达，那么开始把它挂在嘴边吧。开始为自己积累援军，朝着你的晋升目标前进。这样做让你有机会能（通过询问周围的人）评估你在他们眼中是否可靠，是否有胜任那个职位的潜力。向资深领导寻求如何获取梦想职位的相关建议，其实是一箭双雕之举——因为你实际上是在为自己未来成为该职位的候选人铺路，同时也在弄明白成功晋升的线路图。这两点都会助你早日得到心仪职位。有时候，向他人提问这一点本身就表明你相信自己，这会给他人信心，促使他们相信你能胜任这个职位。

通常而言，寻求意见不会仅限于一次对话，在初次询问后，还会有一系列的后续谈话。把主动提出晋升请求视作后续一系列谈话的机会，而不仅是得到一个简单的"可以"与"不可以"的答复。从第一次提问起，你就在决策者的心中种下了一粒种子，但你还需要多加养护，才能让这粒种子生根发芽，并用你积极进取的晋升策略加以栽培、巩固。

你可以通过提出建设性的问题种下这粒种子，比如"我要想在年底前晋升，需要做些什么？"这个提问可能会成为日后一系列职业辅导谈话的基础，你可以通过这些谈话获得决策者或是核心影响者的支持，让他们愿意为你说话，在你获得晋升时，他们会觉得自己是你成功路上的助力者之一。

如何提出请求

戴维（David）是一名中层管理人员，他雄心勃勃，渴望晋升为首席战略官。然而，这个职位已经有人担任了，所以，在职位无空缺，而且不清楚在任者还会待多久的情况下，与其等着别人注意到自己，戴维选择了主动出击。他心想，不入虎穴，焉得虎子？要是我自己都不为自己争取，谁又会知道我想晋升呢？

提什么：担任首席战略官

向谁提：决策者是首席执行官；该职位向他汇报，他要承担最大的用人风险。影响者是向首席执行官汇报的其他领导。

为何提：戴维需要说服首席执行官和公司其他高管，让他们觉得提拔自己是有好处的——因为他具备战略技能，充满干劲和活力，能提供新想法，为公司和消费者打造更好的未来。戴维知道首席战略官的职位能够发挥他的优势，这个职位可以成为他的一个跳板，助力他获得梦寐以求的首席执行官职位。

何时提：戴维即将参加一场高层领导会议，这是一场首席执行官组织的领导人才活动。这是绝佳的机会，因为首席执行官的状态在这样的场合中是很友善的——换句话说，就是处于导师模式，乐意赏识公司中的顶尖人才——所以，相较于不那么耐心的工作模式，首席执行官在这种时候会更坦率，更愿意耐心提点后辈。

如何提：在这场会议前，戴维申请了一场时长30分钟的一对一午餐会谈，讨论"在不确定的时代塑造更好的未来"这一话题。在这场会谈中，戴维展示了自己的创意并确信谈话很顺利后，他问首席执行官，将来若是首席战略官的职位有空缺，是否会考虑自己。戴维向他展示了自己对该职位的 3 年愿景和上任前 100 天的优先事项，并在会议结束后联系了核心影响者，请求他们支持自己成为该职位的候选人。

结果：戴维在正确的时间用正确的方式问了正确的人后，不到 6 个月就被任命为首席战略官了。首席执行官需要一个兼具活力与智慧的人担任该职位，而戴维则通过毛遂自荐替他解决了这个问题。

这个故事告诉我们，当你全身心投入时，会为自己带来幸运。

⬆ 准备好学习、成长和改变

你还需要投入相应的工作，通过投资自身的学习与发展，对热点话题保持敏感以及弥补自己与心仪职位间的技能差距，以确保自己做好了晋升的准备。如果你在阅读本书时学到了东西，那你学到的很可能就是，要想获得心仪的晋升，就需要走出自己的舒适区，敢于冒险。要想在职业道路上不断进步，你就需要持续成长、不断改变。要想获得晋升席位，半心半意是行不通的，你得全身心投入才行。每次晋升都是一次进步，在获得任命决定前，你往往需要证明自己有能力胜任——所以，要担起责任来，为自身的学习与发展投资，现在如此，将来亦然。请表明自己愿意且有能力学习技能、适应环境，向他人展示你想一展拳脚的强烈渴望。

以下是"学习、成长、改变"的一些关键要点，如果能将其融会贯通，应用至你当前的职位和方法中，那将有助于证明你的未来潜力，帮你获取晋升：

- 学习型思维。

- 成长型思维。

- 韧性。

- 经验。

- 高能量。

- 高潜力。

- 强烈的职业道德。

学习型思维

决策者都希望能有聪明人加入自己的团队，他们寻求聪慧过人且愿意持续学习的员工。你需要通过各种实例，表现出自己能快速学习新技能，愿意且有能力应对新信息，并且你足够聪明，能基于新信息改变或做出决定。

做好以下几点，为自身的学习与发展投资：

● 及时关注热门话题与客户感兴趣的领域。

● 寻找相关行业会议，询问你是否可以作为公司代表参会。

● 如果你需要提升公共演讲技能，不妨考虑加入辩论社。

● 考虑私下聘请一位高管教练或是专说真话的

独立分析师，他们会根据你在工作中收到的反馈加以分析，帮你扫除无益的盲点。

● 要留意商学院开设的与心仪职位相关的高管教育短期课程，或是自行寻找提供相关服务的机构，在工作日下班后或是周末参加进修。

成长型思维

决策者都希望团队成员拥有成长型思维：商业世界变幻莫测，成员应该保持不断成长、学习、适应的正确态度，这在不断变化的环境中是很有必要的。

成长型思维与固定型思维相反。有着固定型思维的人会认为，自己的智力及才干等基本素养是固定的特质。他们花时间证明自己的智力和才干，却不加以开发。他们还认为自己不需要努力，拥有才干就能创造成功。这就是典型的自我限制的固定型思维。

而有着成长型思维的人则会认为，自己的核心能力可以通过毅力和努力获得，而智力与才干决定的只是起点罢了，能走多远全靠自己。这类人爱好学习，态度积极，而这些品质对于取得大成就而言是必不可少的。

韧性

韧性或许已经成了当今这个充满动荡和不确定性的环境中最重要的资本之一了。韧性就是从艰难的挑战和突遇的挫折中快速恢复的能力。决策者要找的人需要在生活或工作中展现出不屈不挠的品质，能用实例说明自己曾在遭遇失败后快速恢复，在当前方法行不通的情况下，拥有调整策略的能力，证明自己即便工作情况不如意，也能锲而不舍，继续努力。

经验

决策者希望招进团队的员工有良好的判断力和源于经验的智慧，没有诸如缺乏尝试新事物或新工作方法的动力之类消极的思想包袱。当经验能让人变得成熟、充满智慧，涉及提前发现错误，不再重复以前的错误以及就如何预见并规避未来的问题提供建议时，经验丰富能带来巨大的附加价值。

高能量

决策者想要的人应当能在挑战中茁壮成长，力图证明自己，而且对成功有着无尽的动力。能量说的就是动力、激情、决心和雄心。有些人经验老到，却缺乏应对新挑战的能量和动力。能量带来的是前进所必需的动能，让人克服重重挑战，抵达胜利的彼岸。

高潜力

得到晋升的都是"潜力股"。潜力指的是有待开发，且有望带来成功的潜在品质或能力。随着市场变化速度不断加快，决策者意识到，重要的不是员工从何而来（过去成就有多少），而是能走多远（未来潜力如何）。

强烈的职业道德

你还需要证明，自己在现任职位上一直努力工作，具有强烈的职业道德。我说的"职业道德"指的是，你能做好准备，为完成每天的工作而付出相应的努力：你能解决问题，很自律，懂得自我激励，面对困难与挑战时你韧性十足、足智多谋。这类特质会使决策者对你留下深刻印象，对你未来获得晋升大有裨益。

⬆ 开始拿出领导者风范

晋升的终点是成为领导者，所以要目光长远，即便你现在还没有达到领导者职位，没有权力基础，也没有正式的许可，也要开始让自己的言行举止像个领导者，这样做是有战略意义的。记住，晋升其实就是未来潜力的问题，所以早早地向决策者证明自己有领导者风范，会让他们对你更有信心。

你不需要等到获得许可或是得到了"合适的"职位头衔后，才开始展现自己的领导能力，任何想当领导者的人都可以这样做。

领导力就是，对事物未来会如何有着自己的展望或宏观理念，说服他人支持你，并取得丰硕的成果。无论你正在担任领导职位还是尚未达成该目标，以下方法都可以让你的言行举止开始像个领导者：

- 谈论未来的长期目标而不只是眼前的任务。

- 建议组织一次团建活动，探讨团队策略和团队使命。

- 在下次团队会议上提出颠覆性的主意。

- 做个好榜样的同时试着激励他人。

- 承担更多引领他人和团队的职责。

- 提出问题的同时提供解决方案。

- 询问领导你是否能承担特定项目的职责。

- 有建设性地质疑，永远报以积极的态度。

- 与他人合作，打造双赢局面。

图5-2为"拿出领导者风范"简图。

图5-2 拿出领导者风范

不要等着公司来培养你的领导力技能，为自己负责，努力自我投资。公司提供的领导力培养项目往往滞后于实际的职位委任，所以只有在你获得了领导职位之后，你才会获得领导力技能项目的培养。在晋升前就积极地培养自己的领导力技能，等于是提升自己的技能，让自己领先于同事，更有机会获得晋升。如果有必要的话，请准备好投入时间和金钱，用于自我培养。把你的职业前景和晋升成就视作自我投资的回报。

以下是一些建议，可以帮助你在当前职位中获得更多领导经验：

● 自愿监督或管理另一位同事（或许是新加入的），这样你就可以在日后展示自己管理他人的经验。

● 提议在新的工作项目中担任领导职位，或在同级同事会议中担任主持人。

● 如果有领导力学习的机会，就主动提出承担分外职责或特殊项目。

● 抓住每一次项目机会，增加自己在高层领导面前的曝光率，参加任何能旁听并有所收获的领导主题演讲。

● 关注类似国际妇女节等公司重大日程安排，积极参加活动或是阅读相关新闻稿及刊物。通常这种时候会有各种特别报道，围绕关键行业话题提供前卫的思考和最新的想法，或许你能新发现一些值得引入公司的优秀理念。

● 阅读商业书籍和传记，这些书籍有利于培养前沿思维且极具启发性。在机场的时候去机场书店逛一逛，看看最热门的 20 本商业书籍，与时俱进，了解热门话题。成功人士的传记还能给人带来巨大的动力，别人的经验中总会有值得学习的地方。

● 在闲暇之余（可以是通勤的时候）收听领导
力播客、TED 演讲、网络研讨会和有声书。

你在等待晋升的时候可以试着和领导商量，将
领导力培养作为延续你长久以来出色表现的奖励，
你的领导可能会拨出一部分公司预算来培养你。鉴
于你在现任职位上表现优异，或许你可以劝说领
导，准许你在工作时间参加一些日课程或是周课
程。此外，网上的各类学习资料无一不备，随时可
供学习。

我强烈建议你试着找些课程和活动，以提升诸
如情绪智力、数字智能和创造智慧等领导力智慧的
核心。学习那些能够挑战你思维方式的领域，在当

前职位中展示出你新的领导力技能——不用韬光养晦，等到未来某一天才展示自己的优秀之处，现在就行动起来！

第六章

建立自信心

⬆ 树立信心

　　利益相关者和决策者需要对你有信心，相信你能胜任新工作。他们可以关注你过往的成就和许多其他因素，但最终分析决策时，他们还是得大胆一试，赌你是这个岗位合适的候选人。你从未身处过这个经济环境，在这个团队中担任过这个角色，所以到底合不合适，从来没有"确定"这一说。但也请放宽心，他们还是会带着你的。

　　如果你对自己的能力有信心，其他人就更有可能支持你。如果你都不相信自己，那其他人就更难相信你了。需要明确的是，培养自信和"假装成功，直到真的成功"可绝对不同。还需要注意的是，自信和能力固然挂钩，但不是一回事。你可能在目前的岗位上游刃有余，所以你想寻求晋升机会，但就像我一再强调的，仅有能力是无法获得晋升的。

　　决策者在考虑是否让你晋升时，会关注你过往的成就、名声、对职位的热情、自身潜力——以及你对于晋升后的挑战是否有应对的自信，这一点尽管不会明说，但他们也会加以考察。谁都不知道在新的经济环境、新的团队中担任新职位在未来会带来何种挑战，但如果你能表现出有处理问题的信心、保持冷静应对挑战的姿态，那么决策者在做决定时便会觉得你相对靠谱。

下列是一些树立信心、提升自信程度的好方法：

欣赏自己取得的成就

花点时间想想自己迄今为止取得的成就，然后将它们罗列出来。只有你自己才明白，自己花费了怎样的努力才走到这一步——或许你在学校苦读多年，或许你在初入职场的首个岗位奋勇向前，不断摸爬滚打、了解职场，又或许是你曾在人生道路中遭遇过重大挫折，但成功克服了。想想你是谁，你从哪里来，珍惜自己达到现有的成就前走过的漫长路程，将其视作自己拥有特定技能、才干和职业道德的坚实基础，以此为依据树立自己的信心，让自己能走得更远。

值得注意的是，即便事情没能按计划发展，你也应当体谅自己付出的努力。你不必回回拿第一，

才意识到自己已经竭尽所能了。我相信有时候可能你尽力尝试了，却没能达到自己的目标，但你从这段经历中有所收获，这就够了。

建立自己的声援团

想想自己是否能感受到他人的支持——如果没有的话，要想打造一个由智者和激励者组成的更为健全的社交网络（包括朋友、家人、导师和顾问），你可以采取哪些步骤呢？有归属感、受到鼓舞都会提振你的信心，让你在艰难时刻感到安心。无论我们有多强大，能有其他人宽慰、提醒自己已经具备了晋升所需的资质，总是件好事。身边要有相信、鼓励我们的人，能在需要的时候给予我们力量。

没关系，你可以寻求帮助

自信的人会最先寻求他人的帮助。他们自身能力过硬，就算展示自己脆弱的一面，也不怕被人看轻，而且他们乐意接受建议、乐于学习。没人指望你当个超人。即便是最优秀的领导也有不知道的事——在这个充满了不确定性的世界中，科技变化越来越快，你当然也不可能一直无所不知。拒绝寻求帮助是在给自己设限，因为它阻碍了你解决眼前的问题。向他人寻求帮助的其他好处就是，彼此间的关系会在共同探讨的过程中更加紧密，未来你们也更有可能互相帮助。

观察导致自信心下降的因素

众所周知，某些情况会导致自信心下降。对导致自信心下降的因素有更清晰的了解，能够帮你更好地做出应对，帮助你更快地恢复至正常的自信程度。

例如，如果你过去曾被拒绝晋升，就会想着如果再次尝试的话可能还会失败，导致自信心下降。不要沉溺于过去被拒绝的经历，让它阻碍你继续前行。被拒绝的确很伤人，但没必要因噎废食。学着将自己从之前的被拒绝经历中抽离出来，学会以旁观者的视角自我同情。如果觉得尴尬、伤心、失望或是沮丧，请正视这些令人不适的情绪，因为这才是健康的对待方式。请宽慰自己，惧怕再次尝试是很正常的，但同时也要记得，你现在的经验比以前更丰富了，更有能力战胜各种挑战。

错误和失败其实就是成长机会

我们都会犯错，这是人之常情，也是我们学习成长的主要方式之一。实际上，犯错是个人学习成长必须付出的代价，而从中所获将会让你终身受益。

所以，前期由于犯错导致的代价会在后期得到偿还，可见犯错完全值得！

与其在犯错的时候自我否定、自我批评，不如接受既定事实，从中吸取教训然后继续前进。

我也可以

看看周围比自己职位要高或是更资深的同事，你完全不必望而却步。我相信他们每个人的身上都有过人之处，但是当然，他们也不完美。每每考虑到自己的下一次晋升时，我的第一反应似乎就是望而生畏。然而，当我审视比我更资深的同事身上的缺点时（例如，某人智力超群，但人员管理技能却很差），反思自己和同事间技能与潜力的差距时，似乎就没那么害怕了。我足够自信，知道自己和他们一样出色，甚至可能还有些"独门秘籍"。还记得当时我的想法是，

"如果那个人能做到，那么我也可以。"

我的一位首席执行官客户曾给我讲过一个故事，是他第一次逼着自己晋升时说给自己听的。他年轻的时候觉得学开车好像很难，但他环顾四周，看到许多像自己一样的普通人学会了开车后安心了不少，心想既然那么多人都能做到，那他一定也可以。

有时候，尽管尝试达成新目标可能有些令人害怕，但知道其他人做到过，证明这是可行的，会让人安心许多，所以从中汲取信心吧，振作起来继续前行。

⬆ 克服冒名顶替综合征

如果你受到了冒名顶替综合征的影响，那你有必要对它做些了解。这是一种消极的思维模式或心理模式，受其影响的人会质疑自己的成就，而且会一直害怕自己"骗子"的身份被揭穿。听着耳熟吗？通常而言，尽管有明确的事实表明某些人的工作做得很棒，但如果他们正遭受冒名顶替综合征的困扰，就会坚信自己是个骗子，配不上自己取得的一切。他们将自己的成功归功于运气，或是觉得自己骗了别人，害别人高看了自己的聪明程度。

冒名顶替综合征的特点是追求完美和超常发挥，而与此同时，他们也会贬低自己的成就，害怕失败，无法接受赞美。你从不会对成功感到满足，所以你会更卖力地工作，取得了更多成就后却依旧不会感觉良好——这是个由过度努力与超常发挥构成的恶性循环。这源于你内心深处的自卑感，很多时候光看外表，谁都想不到你心里会是这样想的。尽管你表面看起来成绩斐然，但在你心里，这些成功都是偶然的，是某种恩惠或是运气，总有一天你会被"戳穿"。你觉得自己配不上这些成功，认为自己不劳而获。

冒名顶替综合征在公司里还挺常见的，一些人甚至觉得这是公司体系下的产物，为了让员工一直觉得没有安全感，然后不断努力，创造越来越多的成果。

克服冒名顶替综合征的重要提示

谈论它：克服冒名顶替综合征的好方法就是与他人交流，分享自己的感受，或许你会发现别人也是这样想的。知道自己并非个例后，或许就会松一口气，卸下不少自我施加的压力。

运用逻辑，而非情感：不要让你的焦虑情绪凌驾于事实之上。你不可能什么价值都没创造，所以请承认自己带来的价值，认清你的核心优势和长处所在。珍惜自己迄今为止的所学、所感，它们作为你的重要经验，共同构成了你如今的为人处世之道。想想你在工作中收到的各种形式的正向反馈——如果每个人都觉得确实如此，那可能你的确做得很好，欣然接受别人的肯定吧。如果你所在的公司文化环境收不到正向反馈，那就与家人或朋友谈论你的感受，请他们帮助你。

为你的成功事迹建个记忆库：把你的成功事迹牢记于心。记得你曾试着达成某些目标却遇上重大困难，最终成功挺了过去，并从中学有所获，请别忘了这些经历。试着别再自我为难了，你不必一而再、再而三地努力证明自己，要意识到，你已经取得很多成就了。

让你内心批评的声音安静下来：想象一下最好的朋友在这个时候会对你说的话，用以代替你对自己的苛刻想法。你可能因为没有快速晋升而责备自己，但你最好的朋友却会告诉你，与快速晋升然后被迫陷入压力更大的境地中相比，耐心地找到自己真正想要的职位才是最重要的。要对自己有同情心。

尽管早期研究着重于冒名顶替综合征对女性的影响，但其实它对男女皆有影响。下文是米歇尔·奥巴马（Michelle Obama）谈论这个话题时，针对女性：

冒名顶替综合征太难应对了。很长一段时间内，女性都被告知自己不属于课堂，不属于会议室，不属于任何能做出重大决策的地方。所以，当我们真的得以入场时，仍会不由得质疑自己，不确定我们是否真的配得上这一席位。我们质疑自己的判断，质疑自己的能力，质疑自己能来这里的原因。有时即便我们知道更好的做法，我们还是会保持低调，不敢展现自己的全部能力。

我本人就有过许多次这样的经历，而对我帮助最大的就是记住：最糟糕的批评往往来源于我们自己。女性已经遭遇了太多困难，然而事实是，如果你真的不属于那个地方，那你根本就不会出现在那儿。尽管你接手新职位、面对新挑战时，负面想法势必会接踵而至，你可以予以接受，但不能让它们阻止你占有自己的一席之地，也不能阻止你做好工作。请克服自己的恐惧，相信我们的声音和想法是有价值的，这真的是我们成长的唯一方法了。

⬆ 走出你的舒适圈

每个人都喜欢待在自己的舒适圈内——在那种放松的状态下，所有事物都有熟悉的感觉，你对环境有所掌控，你焦虑和压力的程度也会较低。在这个舒适圈内，你可能会表现得很稳定，但如果你想得到晋升，那你就得把自己从舒适圈中拽出来。

根据我的经验，人们比自己预想的要有能力得多。我们都喜欢做自己擅长的事，但除非我们敢于挑战自己、勇于冒险，不然我们就会变得过于自满。起初，冒险或许让人觉得可怕，但最终，走出舒适圈会让你的信心得以提升，帮助你获得进步。

那么，你可以做些什么来走出舒适圈呢？

- 表达观点。

- 在公共场合发言。

- 学习新技能。

- 结识新朋友。

- 掌管新项目。

- 自愿迎接新挑战。

- 尝试让你有所忌惮的新体验。

顾名思义，舒适圈外的所有事物都会让你不适。
如果你觉得踏出舒适圈太有挑战性，不妨安慰自己，
明白这其实是个积极的信号，说明你正在尝试一些

新鲜且不同的事物。鼓励自己走出舒适圈时，你可以扪心自问"最坏的情况会是什么？"比如，你要求晋升时可能会害怕被拒绝，但就算真的被拒绝了，天也不会塌。你可以选择痛定思痛，从中学习，然后用其他方式再试一次。

想想自己踏出舒适圈后带来积极影响的例子。参考其他走出了舒适圈的人，从他们身上汲取灵感。也许你该设定一些风险非常高的目标来逼自己一把，若是无所作为，自身处境就会大不如前。以目标感和任务感为动力，强迫自己去冒险。

我还记得自己在一家大型咨询公司工作时，由于太过紧张，不敢在公开会议论坛上向领导提问，生怕说错话、遭批评，被人发现不足之处。由于不够勇敢，我没能了解自己迫切想知道的问题的答案，并在事后十分沮丧。于是我迈出了一小步，我选择在会后试着向同事提问，他们的反应给了我信心，让我觉得我其实可以开口提问。最终，我强迫自己走出了舒适圈，开始在公开场合提各种问题。我意识到了自己问的问题都很得当，而我自己的害怕或不适都无关紧要，重要的是能从公司领导那儿得到回答。在此之后，我开始提一些相对成熟的问题。慢慢地，我开始享受挑战更资深的人物，并评估他们的回答是否足够出色。如今，我是一名领导力顾问，而我的谋生方式就是无所畏惧地挑战各位领导者，提各类非常难回答的问题！推自己一把，走出舒适圈，从而开辟各种新的可能，让自己加速进步。

可视化练习

把你的舒适圈想象成一个小圆圈或许会有所帮

助。你的目标就是掌握新的挑战，并将舒适圈扩展成比原来更大的圆圈（见图 6-1）。最终，这个大圆圈便会成为你新的舒适圈，你还可以继续扩大，以此往复。一旦你将走出舒适圈视为一个过程，你在做的过程中便会更自在一些。

"自在"和"自信"在这种情况下是 2 个可以互换的词。你扩大舒适圈的同时，自信心也相应增长了。

图 6-1　扩大你的舒适圈

用一个个圆圈的方式思考舒适圈的问题是很有帮助的，因为新的圆圈会给你一种在新设定的区域内工作的感觉，而不会让你觉得踏出现有的舒适圈后，会让自己完全暴露在外，导致一切都失控。你可以让自己放宽心，不用把自己一口吃成个胖子。其实说到底就是寻求平衡。

把你现在的舒适区化为"危险区"——说它危险是因为它阻碍你进步，阻止你实现所有你有能力做到的事，最终让你的生活变得了无生趣。

你买本书是因为你渴望更多，而且你很可能已经意识到自己可以做得更好，所以你现在做好了走出舒适圈的准备。你想要能帮助你的贴士和技巧，但除此以外，我还希望你能对冒险持开放态度，强迫自己走出舒适圈。我可以提许多的建议，但最终决定是否要逼自己一把，将其付诸实践，是你自己决定的事。

第七章

建立信任

🎤 从同事中脱颖而出

当你想要晋升时，你需要在当前职位上展现出优异的工作成果，并拥有良好的职业道德做背书。你需要不断地实现各个目标，展示自己卓越的晋升潜质。如果你是唯一一个脱颖而出的候选人，那么你晋升的可能性比较大——但是，如果你的团队和其他团队的大多数同事都成了有力候选人，又会怎么样呢？如果晋升候选人的数量变多了，且都具有同样的高水平表现，那么这就意味着晋升的标准被提得更高了。

你可以着手开始在工作中以更高的标准做事，证明你已经不只是"有潜力"而已了，从而为你在竞争中获得优势，让你成为与其他同事相比更为"保险"的选项。成为靠谱的晋升人选意味着，你不仅要具备现任职位人员该有的一切，还需要展现出更卓越的能力、专业程度和可靠程度。而要做到这些，最有效的方法就是，开始承担晋升后的一些职能，直到晋升成为水到渠成之事，只是对你能力的一纸证明罢了。先表现优异，然后才是获得晋升。

许多公司对于晋升有着十分周密的策略，在提升你的薪资或是职位前，需要你先证明，自己能够胜任晋升后的职位。这意味着你不仅需要展示自己

的潜力，还需要提前承担更多晋升后的职责。证明
自己确实承担了额外职责会给你的领导及决策者制
造压力，促使他们提拔你，甚至让你的职业生涯走
上快车道。举个例子，如果你晋升后的职责是管理
一个团队，而你已经通过成功地领导小组项目倡议
展示了自己的人员管理技能，这就证明你已经具备
了相应的技能。

如何表明你已经准备好晋升了

- 证明自己愿意持续提升。

- 表明自己愿意承担额外职责。

- 成熟地应对困难或挫折。

- 展示自己的领导才能。

- 对于反馈给予建设性回应。

- 独立自主，积极主动。

- 争取让同事支持自己晋升。

如何表明自己理解转型的风险

你还可以展示自己对于在晋升至重要岗位的过程中可能存在的转型风险有更深入的理解，以此彰显自己与同事的不同之处。当你能够与决策者的思路保持一致时，他们就会更看中你，视你为可靠的优秀候选人。决策者可能会对候选人如何应对晋升带来的转型打个问号，然后综合其他各项指标进行考查，选择更为靠谱的候选人。

举个例子，你在某个国家工作时，可能成功领导过 25 名员工，但你晋升后的工作可能是管理欧洲各地的 250 名员工。你或许"证明了"自己的人员管理技能，然而在你目前的工作中，你可以很容易且快速地联系到自己直接下属团队的每一个人，而且若有需要，你可以与团队成员一对一沟通。然而在新职位中，这一套就行不通了，你得想办法改变自己的沟通方式，让自己能通过更少的直接接触来激励、鼓舞更多的成员。你还需要应对地理差异和文化差异带来的挑战——从容易处理的安排会议时面临的时差问题，到较难应对的文化规范和风格偏好。如果另一位同岗位的候选人在证明自己人事管理能力的同时，还具有跨国转岗的成功经验，那么他就在竞争中占据优势了。在这种特殊情况下，如果你曾成功领导过跨文化团队，那么这段经历将帮你与之抗衡，成为对你有利的因素。展示你对风险的认识和理解会让决策者对你更有信心。

重要职位的主要转型包括：

● 从个人贡献者转型为管理者。

● 从管理小团队转型为管理大团队。

● 从功能性主管转型为总经理。

● 从承担地方职责转型为承担国家职责乃至国际职责。

● 从成熟市场转型至新兴市场（反之亦然）。

● 在上家公司任职很久后跳槽至另一家公司。

这些转型都不容小觑。举个例子，如果你在现任公司工作了 10 年，正准备首次更换公司，那么面对新公司的文化，就不可避免地会面临转型风险，因为在新的公司中，你不能像以前一样依靠认识合

适的人或是了解该情况的运作方式来解决问题。换
到一家新公司意味着你的文化理解和人际关系积累
要从头开始，这可能会极具挑战性。所以，决策者
可能会有意识地选择没有这种转型风险的内部人员。
但是，你或许可以向决策者解释，说明自己曾在现
任公司经历过数次内部调动，而这些调动和换公司
一样也是从头来过的，从而劝说决策者选择你。

如果获取心仪职位需要面临重大转型，那么决
定提拔你的人不仅要确信你能在尘埃落定后胜任新
职位的工作，还要确定你能应对职位转型最初的各
种挑战。让你晋升其实是决策者在你身上下赌注。

试着从决策者的视角看待这些风险，尽力展示
自己在过去应对转型时，即便困难却依然成功应对
的情况。理想情况是，你展示的过去经历能与即将

面临的职位转型相吻合，例如之前晋升时曾成功转型，曾有不同地理位置的调动经历，或是参与过特殊项目，汇报对象是身处异国的经理，或者项目团队本身就是跨文化团队。与其轻飘飘地说不成问题，不如表示自己已经明白转型会很有挑战性，决策者反而会更放心。这样或许还会让你与其他候选人相比更胜一筹。如果决策者认为你有自我意识、成熟，且对于未来的态度很务实，那么他们会对你更有信心。你们可以共同想办法建立一个支持体系，或是构建一个你可能需要的初期弥补机制——比如在转型的头一年，请公司导师或是高级职场教练对你进行指导。

↑ 打造好声誉

你的声誉由其他人对你性格特征的普遍看法构成。在决定你是否准备好晋升时，他人对你的看法十分重要。尽管你不能完全左右他人对你的看法总结，但请放心，绝大多数的看法取决于你自己的所作所为。名声不会空穴来风，但你也不能听天由命。你决定着自己的行为、言辞和举止。

你想知道打造好名声的秘诀吗？成为值得拥有好名声的人吧！其中的关键在于要始终如一，既然想要晋升，那就试着让自己的言行举止成为过硬的事实支撑：在预算范围内及时交付成果；让人们知道你有增值的能力，能够提出好主意并贯彻执行。图 7-1 是"声誉金字塔"。

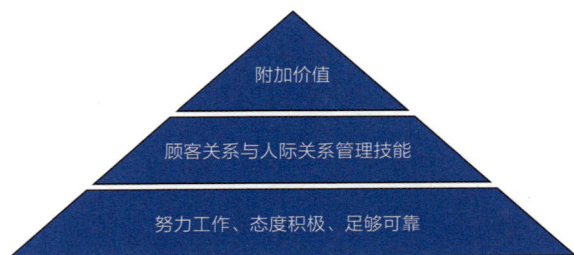

图 7-1　声誉金字塔

图 7-1 能帮你明白在职业生涯的不同阶段应该着重的不同品质。第一层指入门级的品质，是你"吃饭的家伙"。你需要将这些品质全部表现出来，才能从入门级职位晋升至初级职位。

中间一层指更出色的人际交往能力。在公司中，人际交往能力十分重要，所以让顾客、同事及领导对你留下好印象是关键。有个讨人喜欢且容易共事的名声很重要，因为人们会因此更愿意与你共事，也更可能会在你遇到困难或是需要帮助的时候助你一臂之力。

最后，最上面一层指超出该职位或职级的能力，即你的附加价值。附加价值指的是在那些特定的技能领域，你在当前职位被评估为"超出预期"的等级。你必须在当前职位的某些领域超出预期，这样才能给决策者施压，让你晋升至更有挑战性的职位。

要想成为增值者，就要开始像增值者一样思考。把这些当成每日箴言，不断问自己，直到它在你的意识里扎根："我在会上和领导交流，和团队相处，和客户相处时，要如何提供附加价值？"带着这种增值思维，你就会一直想办法对当下、对会议、对里程碑、对进步等做出建设性贡献。这会成为一个让其他人注意你、赏识你的方法。

　　发挥你的核心优势，以确保自己在会议中被视为为整个公司，乃至整个行业增加价值的人。例如，你可以在某个特定领域培养一项专业技能，然后在这个领域的话题上为他人提供建议，在相关活动上发言并发表文章——为自己打造名声，成为该领域出现问题时可以咨询的人。想想自己的天赋和长处，充分加以发挥，让自己变得与众不同。我们通常会低估自己擅长的事，当有些事对我们来说很容易的时候，我们会错误地以为其他人也觉得很容易。所以，要做的第一步就是回顾一下你的绩效评估，思考你工作和处事的哪些方面褒奖不断。这些都是关于其他人如何评价你的信号。

考虑下列问题：

● 你的核心优势是什么？

● 你的独特之处何在？

● 你的什么才能或经历让你从同事和团队成员中脱颖而出？

你的长处可以是不专精，但全能——比如，你言行一致，十分靠谱，在日常生活和危机情况中都是"可靠的老手"。这些确实是不错的品质，但可能会让你困在中间管理层，难以晋升。要想摆脱中间管理层，拥有"高级交易者"、"以客户为中心"、"非常果断"、"全办公室非常聪明的人"或"很有远见"之类的赞誉，以特殊才能著称才是上策。你准备精进哪些具体的长处和天赋，将其打造成自己的名声标签，让自己脱颖而出呢？

你可以找一些新方法，通过斩获新的重要客户账户，达成一笔利润丰厚的重大交易，或是为团队赢得优秀客户服务的奖项等，给人留下深刻印象，从同事中脱颖而出，从而巩固自己的名声。无论是正面评价还是负面评价，每一次客户反馈都要予以密切关注，然后想办法增进客户关系，或是带来新产品和服务机会的创意。思考哪些业务流程领域存在问题或异常，并想想自己可以如何解决。要留意公司和整个产业的情况。关注首席执行官的社交账号，弄清他们的安排，试着让你的想法也相应地与之同步。阅读关于思想领导力的最新材料，参加各种会议以听取行业趋势。

获得好名声不是什么一蹴而就的交易，而是随着时间推移、经历渐长而慢慢铸就的过程。你有所作为的时候，不要羞于分享自己的工作内容，也不要羞于将自己的成就告知他人。不要收敛锋芒，要将自己的成果公之于众。试着参与备受瞩目的项目，让资深决策者注意到你。名声是自己挣来的，而非晋升的附带品。名声与晋升的先后顺序与你认为的恰恰相反，实际情况是，你先拥有好的名声，获取了他人的信任，让人相信你可以晋升为领导者，而后你才能得到晋升。

要建立并维持良好的声誉，你和领导的关系至关重要。你的领导能够看到你在压力下的表现，所以对你的整体信誉度有着很大的影响力，很容易就能给你的声誉带来积极或消极的影响。其他人也明白这个道理，而且会倾向于相信领导对你的评价。所以，你和团队成员相处时有多努力，和领导相处时也要一样。即便你对领导并不完全满意，也要将他们视作学习的对象以及帮你赢得领导层好声誉的合作伙伴。"向上管理"一词在公司组织中常被提及，指的是你"管理"领导和其他资深人士的能力。努力和领导建立良好的上行关系，让他们对你在任时表现出的能力印象深刻，并对你晋升的雄心壮志表示支持。

⬆ 成为值得信赖的对象

除了有关打造良好声誉、增强晋升可信度的策略外，一些会让你快速失去信誉的行为也需要予以同等重视。如果你想成为值得信赖的人，让利益相关者对你印象深刻，那就千万不要这样做。如果你有下列行为，而且还没意识到它们妨碍了你晋升，那就需要"点名批评"一下了。

承诺做某事却未能坚持完成

如果你承诺做出重大改变或是完成一个任务，最终却没能做到，那谁下次还会相信你，让你办事呢？即便你试着补救，做出了看似合理的解释，你还是会失去一定的信誉。在你同意承担完成任务的职责前，请务必确保你能履行承诺。如果你知道自己无法完成任务，不要只为了短暂地讨好他人，而在会议上毛遂自荐。同样的，也不要过度谨慎，从不敢勇当先。选择你确实有可能圆满完成的任务，并对自己有信心，相信自己能够找到解决方法。

无法完成关键业务指标

如果你尚无法达成当前职位的目标，那么又有谁会相信你，认为你能胜任更有压力的职位呢？持续性是关键。当然了，在有些季度或是年份，未能达成关键业务目标可能更多的是宏观上的问题，例如公司设定的目标过于激进，或行业内突然出现经济下滑，或整体经济不景气。你是人，当然不可能百分百保持一致。

无法达到目标

与前两项相比，有一项更严重，那就是没有提前给核心利益相关者发信号。在商业领域，没有人喜欢惊喜。如果你可能无法达到目标或是赶不上截止日期，不要等到最后一刻才告诉别人，因为可能为时已晚，别人也没法再为你提供帮助或是补救计划了。

对领导或是公司品牌不忠诚

带着建设性的意见质疑你的领导是好事，但不要在别人面前带着敌意质疑领导或是任何资深利益相关者，故意让他们难堪。如果你对某个问题感触颇深或是有一个重点关注领域，那就试着和领导一对一沟通解决。如果你想成为更资深的员工，那就得让领导和其同级的同事确信自己值得信任，能将机密信息告知于你。你可能会了解一些关于未来重组或是裁员计划的细节，你需要让他们相信这些敏感信息在你这不会外泄。如果高级管理层意识到你在他们背后八卦这些信息，或是对于付你工资的公司毫无忠诚可言，那你很快就会失去信誉。

行为举止不道德，掩盖痕迹，说谎话

你可能觉得，行为举止不道德显然是不行的，无须多言。但这点还是值得提一下——除了公司欺诈这种你从来不会考虑的大动作，还会有诸如撒谎之类的日常行径，虽然是小动作，但也是不道德的。你可能觉得这种小事无关痛痒，也意识不到一个小小的谎言可能会为你带来巨大的信任危机。无论大事或小事，都不要说谎。如果你做错了什么事，不要试着掩盖痕迹。我们都会犯错，这很正常，犯错时坦诚以待就行了。如果你的同事知道你一直都说真话，而且勇于诚实地承认错误，那么他们会对你印象更深刻。当他们相信你会诚实地告诉他们正在发生的事情时，即便这件事在短期内看起来令你难堪，他们也会对你更有信心。

抱怨，找借口，惹是生非

我听到人们把责任推给各种各样的人和事，为自己无法妥善完成工作找借口时，"技艺不行怪工具不精"这句谚语总是很贴切。如果你在工作上遇到问题，那么你需要的是解决问题而不只是抱怨问题，然后责怪除自己以外的一切。有些人面对日常工作时，不会平静地处理分内之事，而是不断地惹是生非。有些人会制造出与自己贡献不成正比的巨大噪声：他们在抱怨时十分吵闹，在自己做好某事时大肆吹嘘，对任何事都吵吵嚷嚷的——以至于到了最后，所有人对他们说的话都置若罔闻。其实，这些渴求关注者断送的是自己晋升的机会，因为等到他们真的做了什么让人印象深刻的事，大家也早都因为他们的吵闹而筋疲力尽，对他们的滑稽行为再也提不起兴致了。

没能了解科技和行业趋势的最新消息

如果你想晋升至下一阶层，你不能是自己行业或工作领域中最后一个知道最新创意或趋势的人。你需要成为潮流引领者而非落伍者，成为将新鲜主意引入公司的人。成为落后的科技"恐龙"必定会让你在当今这个高科技、快节奏的世界中失去信誉。那么，让我们来做个测试吧：我们都知道人工智能在商业领域日益重要，那么你对这个话题有什么了解呢，你觉得人工智能对你们的商业产品和服务意味着什么呢？如果你对这个问题不知道从何答起，那你就已经落后于应有的水平了。试着走在新技术和新方法的前头，仔细研读新趋势，然后将这些话题引入你的工作团队，看看你能发起什么变革，促进何种改变。成为前沿思考者，而非总是被迫追赶潮流的落伍者。

将别人的功劳占为己有，没有团队精神

没有团队精神的人往往对团队的活动兴致很小

或是没什么兴趣，总是指望别人做决定、干实事。他们听不进队友的话，也不想为了团队利益做贡献。如果你只关心自己的利益，那么你会因为无法与他人合作而失去信誉。公司由各个团队组成，如果想在这个体系中存活下来，你必须想办法成为团队合作者。尽管晋升只是你的个人目标，但你不能以自私的方式达成目的。不感谢帮助你实现目标的人，却把工作成果归功于自己是坚决不行的。自己成功后恢宏大度、不忘他人功劳才是成熟的表现，人们也会更愿意帮助你继续前行。

你可以给自己设定高标准，日复一日地一以贯之，从而为自己打造好名声，维持晋升的信誉度。相信我，你的专业素质提升后，身边的人都会注意到，他们会尤其注意你在压力下的表现。对自己的

成功和失败负责。永远说实话，始终尽力而为。当人们信任你的时候，他们对你的信心会增长，并将乐意帮助你在职业上取得进步。

第八章

采取行动

⬆ 了解职场文化

如同之前提到过的，我们都愿意相信自己工作的公司会任人唯贤，且在做晋升决策时只考察业绩。然而现实并非如此，或者至少并不总是如此，而且你越是资深，就越非如此。在初级阶段，晋升机会相对更多，很容易就能区分候选人孰优孰劣，而关于谁能获得晋升的问题，对于决策者来说并不需要承担什么很高的风险。然而，随着你在公司职位越

来越高，越来越资深，可供晋升的岗位就越来越少
了——而且对于决策者而言，由于晋升职位的权力
越来越集中，让你晋升就越来越有风险了。如果决
策者选错了人，可能还需要承担一定后果。

　　到了高级领导层，公司内部环境在晋升决策中
占了很大一部分——一个人晋升与否会受到包括过
往权力结盟、人情世故之类除了绩效以外的因素影
响。许多不成文的规定便会出现，例如"你现在帮
我个忙，我以后会还你人情的"或者"要是让我的
人进入团队，我会让你日子过得舒坦些"。在顶尖领
导层的人常常觉得没有安全感，所以他们希望自己
的团队成员是忠诚的支持者，能够给他们提供信息。
他们想要能够依靠的成员，而不是把他们从权力之
椅上拉下来的人。领导奖励你晋升的同时，期待的

是你能以忠诚回馈。

在一些公司，这种不成文的行为不受限制地出现，但即便你的公司没有这种情况，也别傻傻地认为公司里完全没有职场环境因素的影响。

在职场文化中，你需要对工作规范和行为准则保持警惕，避免"踩雷"，让自己与有权有势的人保持一致。你还需要准备好为自己发声。为自己发声就是要自我推销，为自己争取权益，准备好让当权者知道你是谁，你的立场是什么以及你为何值得获取晋升及他们的支持。要增加自己的敏感度，需要花时间回顾你的日常工作，注意身边同事、同行及领导们的偏好及权力关系。首先要留意公司中的掌权人，思考职场文化中关于真正重要的人与事有什么不成文的规定。谁拥有权力，谁就是你需要与之

建立联系的对象。

回想过去得到晋升的人，然后思考下列问题：

- 你所在的公司关于晋升的不成文规定是什么？

- 公司中什么样的人会得到晋升？为什么？

- 晋升者与谁建立了关系？他们是怎么做到的？

- 在公司中，什么样的行为会受到奖励？

- 在公司中，什么样的行为不会受到奖励？

- 谁看上去更受青睐？为什么？

你来上班，不能只是做好自己的工作，却忽视了大局。如果你这样做了，说不定晋升期就有个"不知道从哪里冒出来的"同事，能力不如你却突然先你一步晋升，让你措手不及，百思不得其解。相信我，会发生这种情况是因为你之前没有多加留意，没有警惕与你晋升相关的职场环境。你需要弄清楚，谁已经是你的"自己人"了，而谁又是你需要继续巩固关系的人。

还要注意的是，不同部门争夺权力时，通常会有公司层面的宏观职场环境牵涉其中。有可能你工作完成得很出色，而且潜力满满、雄心勃勃，但你所处的公司文化环境对于你从事的职能或部门存在着消极的固有观念。例如，在公司总部寻求业务部门晋升的人可能会发现，对于他们认为的"象牙塔"思维者的固有偏见和漠视已经根深蒂固了。

注意自己周围，表面看似平常的关系下，暗流是如何涌动的。如果你想提高自己的敏感度，图8-1 阐释了一些可供你采用的策略。

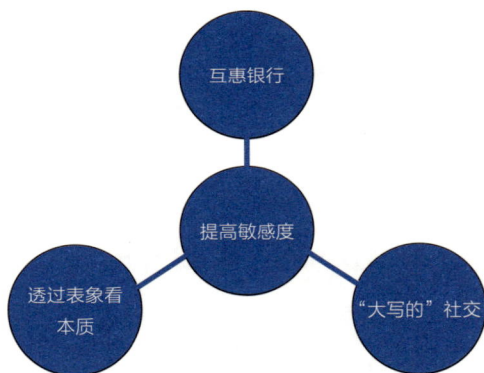

图 8-1　提高敏感度

互惠银行

当你试着实现自己的目标时，首先考虑你能怎么帮助他人。将这种行为想成是拥有一个"互惠银行"，你可以往里"存钱"也可以从中"取钱"。你能为其他人做什么，才能让别人对你更有好感？此外，还有一个不成文的规定就是，你帮助了别人，

他们在日后都会回你人情的。理想情况下，你希望
自己的互惠银行中一直有余额，这样一来，大多数
人都欠你人情，你就可以在自己真正需要的时候找
他们了。"人情币"没有货币那样的金钱价值，但它
有着自己的独特价值。例如，你可能在项目危机或
是团队离心期间帮助了某人，他事后并未言谢，但
会在正式绩效评估或是你晋升的决策期间为你说
好话。

当然了，有些人只会索取而不会给予，所以你
如果意识到某些人不会主动还人情，那你就可以在
自己需要的时候直接开口请他们帮忙——否则，如
果每个人都不再互相帮助，整体环境就会变得更加
消极了。试着在"存"人情的时候不要太精于算计，
一味地想着"取"。尽管你可以想着互惠银行的概

念，促使自己成为积极的参与者，但也请试着放松一点，否则只会适得其反。只要专注于帮助别人，与他人友好相处就可以了；就像昼夜终会交替，人情也总是会还的。看开一点，顺其自然：你为人人，人人为你；有时候你乐善好施，不求回报，有时候别人赠你玫瑰，亦无所图。这样多好啊。

"大写的"社交

你可能很讨厌"社交"这个词，因为它通常指的是，人们在半正式场合中闲聊，每个人都在发名片。这里的每个人都在向别人推销自己，但往往没有一个甲方。我称上述情况为"小写的"社交，基本上毫无意义，只是在浪费大家的时间罢了。

不知为何，他们都没什么明确的目的，只觉得要为了社交而社交。如果你打算在活动上社交，那就问问自己内心想和谁建立联系，为什么想。否则，你就是在听天由命了，而且你也不太可能会被引荐给在场的重量级人物。相信我，这些真正重量级的人物早就被带着明确目标来的人团团围住了。

想想你打算与之建立关系的一位或是几位关键人物，你选择的原因或许是他们能够在你谋求晋升时予以指导、为你助力。想想你最有可能遇到他们的地方是哪里，如果答案是非正式的工作场合，那就去参加，然后和他们建立联系吧。这就是"大写的"社交——目标明确，以结果为导向。除了针对特定人员以外，你还可以扩大社交的目标范围，见见其他部门或是总部的人员，他们可以帮你开阔眼界，给你提供更多现在或未来都受用的机会。你可能会发现，只要同事们认识你或是信任你，那么比

起正式会议而言，在社交场合中，你会从他们口中获得更多晋升机会的新资讯。

透过表象看本质

把你头脑中的雷达打开，这样你就不止会关注明说的话（即"表象"），还会关注未说之事（即"本质"）。当你觉得对其他人的行为或决策感到不知所措或是很疑惑时，试着透过表象看本质，弄清事情的真相。对于每一个采取的行动或决策，或是展示的行为，无论正确与否，背后往往都有着充分的理由，仅是你不理解，并不表示它不存在。

你应该学着努力理解表象之下的事，具体做法可以是关注潜在动机，留意相关人员关系的牢固程度，注意谁对谁说了什么，为什么这么说——然后学着精明一点，自己总结真实情况和原因。如果可能的话，将你得出的结论与他人核实一下；随着时间的推移，你会培养出自己的直觉能力，理解别人行径背后的原因。如果有时间的话，你还可以参加有关公司环境及人员行为的课程。

⬆ 树立影响力并制造声势

更好地理解了职场环境会如何帮助你之后，让我们一起想想你还能如何树立影响力并制造声势，让自己的晋升成为民心所向。

为自己晋升寻求支持绝不是在职位空缺前一周或是前一天才要做的事。将寻求支持当作一场需要为之计划并全年贯彻的长期战役，从而及时为晋升决策集聚正确的动力。

确保自己花时间做以下事情：

- 保持全年可见。

- 保持自己的影响力。

- 创新。

- 争取客户的支持。

- 解决所有矛盾。

- 了解首席执行官和高管。

- 了解你领导的领导。

- 应对竞争。

保持全年可见

在公司里高调一些，让决策者和核心影响者知道你是谁。寻求机会，加入由高管赞助的知名项目。

在这类项目中抓住一切机会，在你述职时或是休息时将自己引荐给核心决策者和影响者。你还可以在公司的社交活动中让领导注意到你，或是邀请他们见你的重要客户，或是邀请他们来听你和你的团队就目前的有趣工作做演讲。

无论需要付出多大努力，可能还得大跨步走出舒适圈，但你必须要保持可见，让决策者或是影响者们知道你是谁。这甚至可能意味着要有勇气走到领导办公室门口，敲开门，向他们问好。

如果核心人员不认识你，你也不努力将自己引荐给他们，那他们凭什么认为你具备担任更高级别职位所需的主动性呢？

保持自己的影响力

不仅要让决策者把你的名字和脸对上号，还要

让公司内部尽可能多的人认识你，保持自己的可见性和知名度，这样做益处多多。除了你的日常工作外，还可以考虑在公司内带头或是参与一些力所能及的倡议，这将提升你在公司高层面前的知名度。选择一个适合自己的领域，或选择你热烈坚信的事业。比如，如果你非常热衷于公司那个能够应对气候变化方面的职位，那你就可以试着参与公司的环境改善工作。

你对一个项目越是热情，你就越会实质性地参与并投入精力。如果你开创或参与一项能够引起自己共鸣的事业，将会帮你在工作中收获更多动力和满足感。随着你的项目获得越来越多的支持，你会感到自己同公司目标联系越来越紧密，而这也会帮助你将更多正能量带到工作环境中——其他人也会

注意到你的积极态度和贡献。

创新

要想获得关注并让他人视你为未来的领导者，有个好主意就是提供新想法，并让大家都觉得那是个不错的概念，然后为它争取资金，成功执行该项目。要致力于成为别人眼中的创新者，成为一只脚迈入未来的人，这样的人总是能顺应潮流，还能预测未来的产品和服务。

对于你的团队或公司可能正在着手的工作项目，你可以针对如何加强市场定位提出自己的想法。如果你觉得自己（还）不是一个"有创意的人"，也不要束缚自己，打破身上的这类标签。创意并不属于特定的某一类人，谁都可以想出好主意。通向创新的道路只需要多一点求知欲，多一点自信，然后就

是质疑自己的工作过程，质疑整个大局。

着手处理工作任务时，养成问自己的习惯：有没有什么更好的方法？这样做和我们试图获取的战略结果有什么不同？我们能不能更快地实现最终目标，能不能做出更高质量的产品，或是更有效率一点？

争取客户的支持

向你的顾客透露自己今年想晋升的雄心，这种冒险通常是值得的。如果你工作做得很不错，他们可能会非常乐意参与其中，替你美言。而且展示自己的脆弱可能会巩固这段关系，或许他们还会与你共情，因为他们自己可能也曾在公司中经历过，或是现在正在经历类似的事。你的成功和你客户的成功是密不可分的。当你为顾客提供出色的服务时，他们会得到晋升，而鉴于你是他们成功的一部分，那么相应的，他们也会很愿意支持你的成功。

我认为，尽管向客户透露你的晋升雄心可能略有风险，因为他们可能会以此为筹码，趁机占你便宜，但综合考虑来看，我还是认为这个险值得一冒。

解决所有矛盾

你最好不要和同事或是人力资源、财务这类中央职能人员有任何悬而未决的矛盾，也不要和以前接触过的任何关键人物有纠纷。如果还有尚未解决的问题，他们可能会试图阻止你晋升（可能还会得逞），因为之前你在预算许可、假期工资或是任何他们觉得你该负责的小问题上质疑过他们，导致他们对此心怀怨恨。有些人巴不得能行使自己那小小权力，坚信你有不当行为，需要调回原岗。

公司生活一部分的因果报应就是，过去未解决的争吵会精准地在错误的时机冒出来，给你带来困扰。所以现在就花时间想一想，谁不喜欢你，谁看上去对你有敌意，你是否有任何可行之事能让情况好转。根据我的经验，要想消除误解和不满，与其无视问题，觉得它会自己消失，最简单的方式其实就是与对方谈论它，或是称赞对方的工作。不是每个人都会随时随地喜欢你的——这不是你能控制的事。然而，如果你要修复裂痕，那么成为更宽容的一方，主动让步，对你的个人利益一定是有好处的。

了解首席执行官和高管

理解首席执行官和高层领导的沟通内容。在社交媒体上关注首席执行官，了解他们的战略议程和个性特点。机会来临的时候，不要害怕向首席执行官介绍自己。准备好电梯演讲——如果你和他在电梯里，你会说什么，准备几句话就行了。（我没在开玩笑，这真的在我身上发生过，一位客户的首席执行官与我共乘电梯。不幸的是，我当时没能利用好这个机会，建立起真正积极的联系，而是紧张得僵住了。）你可以在"电梯演讲"里简单地介绍一下自己的名字、部门、领导的姓名（首席执行官可能会认识）、说些恭维话以及关于你工作任务的关键信息，例如："您好，我叫×××。我很喜欢您在社交媒体上的评论，您说大公司在应对气候变化方面可以起到重要作用。其实我在×××（领导名）的团队中就带头负责我们组的环境应对倡议。"首席执行官喜欢听赞美，这一点是肯定的。他会说"谢谢。"你可以回答类似"或许我可以向您展示一下我在这

方面的工作，我想您应该会觉得挺有意思的。我可以请您的私人助理安排一下时间吗？"首席执行官大多是很自信的人，自然也喜欢其他同样自信的人，他们会对你的积极主动留下深刻印象。

不要觉得认识首席执行官或是其他高层领导者很让人紧张，他们也是人。尽管去感受与高层领导团队联系以及在他们身边的感觉，这可能会让你更加自信，并且激励你成为一名更有鼓舞力量的高层领导者。

了解你领导的领导

当然，这与上一点有关系，但我想特别建议你，不要害怕与你领导的领导建立关系。你的领导可能会感到不安，更倾向于自己作为唯一一个与大领导有直接联系的人，而且他们可能已经对你释放出了

这一信号。然而，这种等级观念内含着很强的控制
欲，且十分僵化。老实说，你的领导可能就是在盲
从，将自己过去在你职位上学到的模式照搬到了你
身上，即"永远不要越级"。事实上，你生活工作在
一个民主社会中，应该自信满满地与任何公司内部
的人建立工作关系——包括你领导的领导。

　　了解你领导的领导并不意味着你要越过自己的
领导或是对其不忠诚，而仅是与大领导有所交谈或
是保持与他们的沟通渠道，让他们知道你是谁，你
是做什么的以及你的进展情况如何。我认为这是一
种自信的表现，如果你的领导试图限制你的发展，
那么你与大领导的交往会在未来对你大有好处，因
为至少还会有另一位领导层的人对你的能力和潜力
有所了解。你的领导可能并不喜欢这个全新的、更

加自信的你与他们的领导交流，所以你应当遵循"永远不让自己领导丢面子"的做法，来避免可能的紧张形势——其实，这可能是个为你领导美言的好机会，你可以让他在大领导面前有个好形象，确保皆大欢喜！

应对竞争

我对人类行为的认知很现实，我知道有时候我们会限制自己的自信心和创造力。我们可能会觉得所有的建议听起来都很难执行，认为赢得晋升竞争的最好方式就是散布对手的谣言或是负面消息，让竞争关系不复存在。但是信我——从长期来看，毁掉竞争对手，让自己成为唯一一个候选人，对你是没有帮助的。这不是什么锁定晋升席位的好法子，而且在未来的某个时间节点会产生反效果。人是有长期记忆的，如果你曾在竞争中对他们耍阴招，那他们可不会忍气吞声。他们可能会把你的伎俩公之于众，如果这行不通的话，那他们可能就会默默潜伏，策划报复。最好的做法就是，投入你的全部精力，与其采用令人不齿的方式，不如通过正当手段取得胜利。

当然了，即便你以高标准要求自己，也无法阻止别人在竞争中散布你的谣言或是负面消息来抹黑你，特别是他们视你为晋升路上的巨大威胁时。你的竞争对手可能足够聪明，能够找到你的致命弱点（或是发现你在某个领域的卓越成就，这可能有点讽刺）然后他们会以此作为针对你的武器。我一再目睹这种情况，所以我想告诉你要如何有效地加以应对。

第一，对于竞争对手是否在对你进行负面攻击

方面，试着在天真和多疑之间找到正确的平衡。第二，有人散布针对你的谣言时，站出来为自己辩护，你需要坚定有力地表达自己的立场，但不要让自己听起来太有防御性。与其无视这种情况，不如为自己辩护，直接礼貌地问你的反对者为什么要说你的坏话，这是更有效的做法。用警告的方式提出问题，让别人知道没谁可以随意对待你，是处理问题的好方式。你展示出魄力后，他们可能会退缩，或是面对你的直截了当，直接丢盔卸甲，不敢再惹你了。

如果你的诋毁者聪明的话，他们会寻找你真正的弱点，然后对它着重关注并加以利用。例如，你在做决策时可能会花费太长的时间，这可能会被说成"他太谨慎了，在这种艰难的时期，有那么多困难的决定要做，他不是你想要的那种人。"在这种情

第八章
采取行动

况下，中立行为或是负面问题被放大了，你需要加以承认并表示："是的，我确实倾向于先拿到正确的信息，然后再做决定，这样我就可以在数据的引导下，避免做出事后会后悔的错误决定。然而，如果情况需要的话，我也可以调整自己的风格。"或是说："是的，确实如此，但我已经意识到了这一点，而且正在努力做出改变。"讲完后，再举出一个例子，证明你确实在努力改变。

当你对于他人而言光芒过盛时

我的所有建议都致力于让你为自己赋能、提升自己的形象并获得成功。但是，你之后的快速晋升可能会让竞争对手难以招架。我曾见过一个案例：一位客户为了公司和客户的利益，同时为了提升自己的形象，写了一本思想领导力方面的书。她的错

误在于，她在书中自我吹嘘得过于明显，给嫉妒她的竞争对手提供了把柄，说她出书完全是为了自己的利益。整个情况变得颇具争议性，她的书的成功却成了别人用来对抗她的武器。

当你光芒四射时，这光对于其他人而言可能就过于刺眼了。我的建议是，你在提升自己形象时，最好试着不要过于直白地推销自己，这样别人就没法利用你的成功针对你了。改变你的意图，晋升是为了所有人的利益（包括你的团队、顾客和公司），而不仅是为了自己。

⬆ "推销"你的首个百日计划

仅谈论自己过去做的事，或是从理论层面谈论未来能做的事是不够的。试着以书面计划的形式让自己的"推销"更可信，计划中可以描述自己准备在新职位上任的首个百日之际达成什么目标。这样做能很好地证明，即便别人不问，你也做好了任职新职位的准备。

我比较推荐的是，一旦你确认自己能够晋升至心仪职位，就开始起草自己的首个百日计划。必须写计划会迫使你认真思考这个职位，思考自己作为在任者要如何增加价值——很快，你就会发现自己需要收集哪些信息，需要和哪些利益相关者交谈，需要研究哪些话题以及你需要填补的技能或经验空缺有哪些。书写职业计划这个提前的挑战会测试你的决心，或许还会让你意识到，要想让他人将你视作需要严肃对待的晋升候选人，自己与所需达到的

水平之间的真正差距有多大。这种自我意识的觉醒对你而言只有好处。坦然接受它，并在接下来的几周或几个月里采取必要的步骤，做好准备。

从经理职位招聘面试一直到首席执行官招聘面试，在这些正式面试中，要求候选人阐述自己的首个百日计划已经成了面试专家组的标准流程之一了，即如果候选人获得了该职位，会在首个百日内做什么。这给了专家组一个机会，得以借此了解候选人对于如何在新岗位上开展工作的思考有多少。坦白说，这也让面试官能够从候选人中收集最好的想法，然后与成功的候选人分享，并进一步优化他们原先的规划。

所以，无论你是在拟定一个公司里没有的全新职位，还是通过正式流程争取实际的职位空缺，无论是否有人要求你这么做，你都应该为新职位写下自己的首个百日计划，作为自己晋升计划的一部分。当计划相对完善时，将其作为自己晋升计策的一部分，发送给核心决策者，让他们牢牢记住你有多渴望这个职位以及为什么你是最佳人选。

撰写首个百日计划时，要以终为始，想想自己在该职位的 3 年内希望取得什么样的成就，并将你在第一年的关键优先事项罗列出来。在这样的愿景和背景之下，写下在首个百日结尾要实现的最重要的结果清单。这个方法将会把你的首个百日计划从待办事项或是主题集合变成一个阐述了大局观的文档，更具远见也更有战略性，从而产生最大的影响力。

用以下安排作为指导：

你的首个百日计划模板（见表 8-1）

表 8-1　首个百日计划模板

内容分类	3 年内要实现的职业抱负	第一年的战略优先事项	首个百日之际期待实现的主要成果
愿景与策略			
成员与团队			
结果与交付			

在愿景与策略、成员与团队和结果与交付这 3 个总体分类下，尝试提出 7 至 10 项首个百日之际期待实现的主要成果。例如，在"成员与团队"的分类下，在首个百日结束前，你可能想要评估现有的团队能力与未来 3 年职位抱负之间的差距，做一些重要的任命，然后启动新的人才招聘。

基于至多 10 个关键结果来撰写你的计划，表明你是一个实干者，而不仅是空想者——你专注于完

成你能做到的事。决策者喜欢有计划、目标明确的人，这能让他们的自信心得到巨大提升，减少对转型风险的担忧。

将这个计划视作一次机会，展示自己对职位核心问题与挑战的理解以及自己为什么是解决它们的最佳人选。这是你展示自己技能和对职位真正热情的机会。决策者会对你的"推销"决心和计划印象深刻，这个计划还能开启你们之间的谈话，讨论还需要做些什么。这样一来，既然你已经开始着手合作、解决问题，那你在他们眼中就是更靠谱的候选人了。撰写首个百日计划能让你巧妙地带着实质内容"推销"，帮你从竞争中脱颖而出。

第九章

达成协议

⬆ 谈判并达成协议

理想情况是你获得了晋升，而这个职位刚好就是你想要的，薪资待遇也都如你所求，你确定了到岗日期，也达成了协议。然而，无论你在初级岗位还是高级岗位，实际情况往往没那么顺利。

你获得的晋升或许与你想要的有所出入。或许这个职位并不如你心底想的那样有意义，也没机会借此职位大显身手；或许公司让你晋升是因为正好

有空位，但是你对该领域的工作并不感兴趣；或许这是个异地升迁的职位；又或许担任该职位需要承担额外的责任，但相应的薪酬却不如想象中的高。

请你确保自己对新职位足够了解后再接受任职。通常是由核心决策者来告知你晋升的好消息，他们往往十分清楚该职位的工作需求，但不太了解具体的薪酬待遇，所以会让你找 HR 交接。你要对晋升涉及的各方面细节都了解透彻，然后自己发掘一些能让晋升看上去更吸引人的福利。准备好为自己争取，与各方协商出一个利人利己的方案。

从了解录用的具体细节开始：

● 职位名称。

● 工作职责。

- 薪酬待遇。

- 到岗日期。

- 未来展望。

然后审视一下自己，思考这个职位是否让你感到满足，在任期间的工作是否有意义，是否能让你有所作为，留下积极的领导力传承。如果你觉得这次晋升肯定会让自己不开心，那么无论薪酬待遇如何，都请放弃它——然后重新思考要如何变道，踏上与你更契合且恰好能平衡自己内在需求与外在回馈的职业道路。

除非这次晋升确实在各个方面都让你十分满意，不然即便晋升确实如你预期，我也还是建议你对此谈判一番。了解同级别其他人的待遇，就等于掌握

了薪酬待遇的谈判筹码。你还可以天马行空一点，想想有什么能作为额外奖励纳入自己的薪酬方案。如果基础薪资没有商量余地，你是否能以自己促成的交易为筹码，争取一些奖金作为额外收入呢？又或者，你是否可以申请报销差旅费，出差时坐商务舱，或是享受其他附加福利？

如果你不能如愿加薪或是获取福利，你能在其他地方得到补偿吗？比如，你能否协商到一个更好的职务头衔？你应该抓住一切机会，尽可能让自己的头衔听上去越资深越好。不要以为你的职务头衔必须和上一任在职者完全一致。好的头衔会向利益相关者及客户传达明确信号，告诉他们你已身居要职。或许你可以给头衔加上"首席"或是"资深"的名号，或者可以加个"兼"来改变职位名称，从而进一步体现你承担的新职责（例如，资深常务董事兼创意主管）。或许你可以革新，与其以该职位的"职务"来命名，不如以它带来的益处来命名，可以将"培训主管"变成"学习与发展主管"，或是从"销售支持主管"变成"客户成功主管"。你的职务头衔能让你对自己和所做的工作都感到更加自豪，所以它应当准确地反映你的个人职责与任务。

在责任层面，如果你想承担更多职责，就请主动提出要求，并借此为自己争取更高的薪酬待遇，进而争取提升自己的职务头衔。

话虽如此，不要在达成协议上花费太多时间——因为现阶段决策者确实想让你加入自己的团队，但战线拖得越长，他们就会越受挫。如果你没法在合理的时间内给出明确的结论，他们或许还会

怀疑你到底是不是这个岗位的合适人选。在与人力资源和决策者协商过程中的某个时间点，请做好各退一步的准备。通常你不会完全称心如意，所以不要变协商为争吵。有时候可能决策者自己是想给你更多薪资的，却受限于公司的薪酬标准，力不从心。现实一点，理智一点，努力商量出令人满意的条款。

实际上，晋升就相当于得到了在职业生涯中更进一步的机会，所以在拒绝晋升前请三思而后行。想想你在什么条件下会接受这次晋升，然后通过谈判为自己争取更好的结果。带着大局观和战略性的眼光来评估这次机会，不要只考虑眼前的利益，扪心自问：

- 晋升是否瑕不掩瑜？这样做会让你离真正的

梦想职位更近一步吗？

- 晋升是否会让你承担更多职责，让你在资深利益相关者面前有更多曝光率，为你获取下次晋升机会提供广泛的人脉基础？

- 与其追求一次性的巨大飞跃，接受晋升并为自己的理想职位做好准备是否会更快？

- 拒绝这次晋升会有什么影响？是否会导致未来的机会乃至你现在的工作遭受风险？你是否断送了自己在这家公司再次晋升的机会？

如果你对这次晋升一点都不满意，那么很显然，无论你再怎么努力谈判争取好结果，这都不是你想要的工作——要是即便你拒绝了也不会有什么影响，那就拒绝，然后等待更好的晋升机会吧。但是也请

你想清楚，问问自己：是否真的不会有什么负面影响？利益相关者对此会有什么反应？

你一定不想传递出自己胸无大志、不思进取的信号，你也一定不想阻碍自己未来的晋升道路。

相信自己的直觉。总而言之，如果最后协商的晋升邀约让你向往，那就欣然接受吧！

⬆ 常见问题

我是否应该拒绝晋升

拒绝晋升可能是个冒险之举，这取决于你所在的公司晋升机会稀缺与否。你是否有可能接受眼前的晋升机会，并根据自己真正想做的事对其加以调整或是重新协商？如果毫无可能，且接受该职位没什么实际好处，而不接受也没什么损失，那就将自己不愿接受该机会的原因阐述清楚。对决策者表示感谢，并概述自己的职业抱负。询问目前或未来是否有别的晋升机会，能让公司和你个人都受益。决策者可能会因为你拒绝为他们工作的机会而心有不满，所以请注意察言观色，谨慎行事——把你能想到的所有交际手段都用上，努力赢回他们的支持。理想情况下，他们会对适合你的职业道路有更深的了解，并将支持你的抱负视作一种双赢，然后寻找更适合的人选来担任该职位。

万一升职不加薪怎么办

最坏的情况（而且我见过这种）就是，你被告知即将晋升，会有新的职务头衔并承担额外职责，但却没有加薪！需要明确的是，升职不加薪算不上

真正的晋升。晋升对你和公司来说必须是双赢的。

还有一种类似的情况是，你获得了晋升，却必须在该岗位上通过1年的试用期才能获得加薪。这也不是真正的晋升。坚定自己的主张——告诉你未来的领导，你的价值远不止于此，不要让任何人占你便宜。

如果拒绝让我晋升，我该不该辞职

如果公司这次拒绝让你晋升，那就请他们提供有建设性的反馈意见，并请他们想想你下次是否有机会晋升。根据他们的回答做判断——如果他们直截了当地说，你永远没机会晋升，那么显然你就需要计划离职了，加入真正重视你且有晋升空间的公司。如果他们的回应较为模糊，那你就需要自己考量他们的潜台词到底是什么，相信自己的判断。或许你只需要再历练 1 年，就能在下次成功获得晋升。然而经验表明，如果你在 2 次年度晋升中都失利了，那么你的同事就会开始超过你了——我认为这就表明了公司在给你传递信号，表示他们将不愿再支持你的晋升事业。

如果你 2 次都没能成功晋升，那么情况就不太妙了，因为当你的名字再次出现的时候，决策者可能会考虑到你前 2 次都未能成功，所以决定不冒险任用你。尽管这没有逻辑可言，但确实会有这种情况。

2 次晋升被拒绝，那么或许是时候离开这家公司了。记住，在职者永远比待业者好找工作，所以别直接辞职。看看公司其他部门是否有更好的晋升前景，然后放眼于公司外的各种机会，权衡到底是走

还是留，何时行动。

好消息是，如果你遵循了自己的晋升策略，那你就会更有把握，清楚自己为什么想晋升，想要什么样的晋升以及达到目的需要采取哪些步骤。你会对自己的价值更自信，也能更好地解释自己为什么在付出了那么多努力后仍未晋升。别觉得没能晋升就是失败——反之，你应该透过现象看本质，这不过是你丰富多彩的工作生涯中的又一次经验罢了。吃一堑，长一智，打起精神，重新出发。

第十章

成功晋升